AF567760

DAS OFFIZIELLE KOCHBUCH

DAS OFFIZIELLE KOCHBUCH

Mit über 100 kreativen Rezepten für das ganze Jahr

INHALT

WIR STELLEN UNS VOR

Seit 2014 motiviert Veganuary Menschen auf der ganzen Welt, einen Monat lang rein pflanzlich zu essen – und anschließend dabei zu bleiben. Es gibt viele gute Gründe für eine pflanzliche Ernährung: der Schutz von Tieren, der Umwelt, der eigenen Gesundheit … Und auch nicht ganz unwichtig: Es schmeckt richtig lecker!

Die vegane Küche ist köstlich und muss gar nicht kompliziert oder teuer sein. Sie ist vielfältig und lädt euch dazu ein, euren Geschmackshorizont zu erweitern: So entdeckt ihr eine Welt voller wunderbarer Zutaten und Aromen, die ihr sonst vielleicht nie kennengelernt hättet. Eine der häufigsten Rückmeldungen, die wir jedes Jahr von Veganuary-Teilnehmenden erhalten, lautet: *Ich dachte, ich müsse mich einschränken. Ich dachte, ich würde etwas vermissen. Aber jetzt esse ich sogar viel abwechslungsreicher als früher.*

Im Alltagsstress schleichen sich schnell Gewohnheiten ein – und bleiben. Das Kochrepertoire reduziert sich oft auf sieben (oder noch weniger) Gerichte, die wir immer wieder kochen und essen. Mit diesem Buch wollen wir für neue Inspiration sorgen. Wir haben ganz bewusst viele (veganisierte) Klassiker aufgenommen, um zu beweisen, dass Veganer*innen altbewährten Lieblingsgerichten treu bleiben können. Natürlich stellen wir auch eine Reihe neuer Gerichte vor, die frischen Wind auf den Speiseplan bringen.

Dies ist nicht einfach ein Buch für bereits überzeugte Veganer*innen. Sondern für all jene, die die pflanzliche Ernährung ausprobieren möchten; die ein bisschen Inspiration in der Küche brauchen; die ihre Beziehung zum Essen auffrischen möchten – oder einfach mal was Neues ausprobieren wollen.

Die in den Rezepten verwendeten Zutaten sollten allesamt einfach zu bekommen sein, aber vielleicht kennt ihr noch nicht alle. Deswegen geben wir zunächst einen Überblick zu nützlichen pflanzlichen Zutaten – und außerdem Tipps, wie sich auch ungewöhnliche oder verderbliche Lebensmittel lecker verwerten lassen, um nichts zu verschwenden.

Viele unserer Rezepte lassen sich leicht abwandeln. Wir erklären, welche Zutaten ihr austauschen könnt, wenn ihr sie nicht im Haus habt oder nicht mögt. Verändert, was ihr wollt – schließlich ist es euer Essen! Also: Fangt an zu blättern, euch durchzuprobieren, und entdeckt eure neuen Lieblingsrezepte.

Wir hoffen, ihr habt Spaß daran, neue Gerichte auszuprobieren und mehr Pflanzliches auf den Teller zu bringen. Für die Tiere. Für den Planeten. Für euch.

Herzlichst

EUER TEAM VEGANUARY

WAS ESSEN VEGANER*INNEN?

Uns erreichen oft Fragen wie »Was essen Veganer*innen zum Frühstück?« oder »Was essen Veganer*innen zum Abendessen?«. Das klingt für uns, als würde man fragen »Was essen Menschen?«. Es hängt von vielen Dingen ab: dem individuellen Geschmack, den Vorlieben, der Kultur, der Wohngegend, der Jahreszeit. Auch davon, was wir als Kinder gegessen haben, ob wir gern kochen, was verfügbar ist, worauf wir gerade Appetit haben, wie viel Zeit wir haben, für wen wir kochen und von vielen anderen Faktoren.

Wenn wir ehrlich sind, essen wir an manchen Tagen schon einmal eine halbe Packung Kekse, während sich unser Fertiggericht noch in der Mikrowelle dreht. An anderen Tagen nehmen wir uns mehr Zeit, bereiten mit Freude einen farbenfrohen Salat zu oder hüllen uns beim Backen in Mehlwolken. Kurz gesagt: Veganer*innen essen so ziemlich die gleichen Gerichte wie Nicht-Veganer*innen – nur eben ohne die tierischen Zutaten.

Das Frühstück kann aus Toast und Konfitüre, Porridge oder Müsli und Sojajoghurt bestehen, dazu Saft und einen großen Becher Tee oder Kaffee. Zum Mittagessen könnte es Suppe, einen Wrap, Sushi oder ein Panini geben. Und zum Abendessen vielleicht Lasagne oder Würstchen mit Kartoffelbrei, Pizza oder ein Nudelgericht. Manchmal bestellen wir auch beim Lieferdienst oder gehen mit der Familie einen Burger essen. Veganer*innen sind nämlich ganz normale Leute.

Und Veganer*innen haben, wie jede*r andere auch, ein echtes Leben. Wir müssen zur Arbeit gehen, die Kinder kutschieren, den Hund ausführen und das Bad putzen. Und irgendwo dazwischen müssen wir einkaufen, kochen und essen. Ja, das Leben kann anstrengend sein. Gerade darum möchten wir euch davon überzeugen, dass es überall eine Fülle pflanzlicher Lebensmittel gibt, die ihr sowieso schon längst esst – auch, wenn ihr (noch) nicht vegan lebt.

Schaut doch nur in euren Vorratsschrank: Vielleicht findet ihr dort Dosen mit Tomaten, Kichererbsen, Bohnen, Gemüsesuppe und Kokosmilch. Vielleicht seht ihr auch Brot, Erdnussmus, Konfitüre, Apfelmus, Hefeflocken, Frühstückscerealien, Müsli und Haferflocken – wahrscheinlich außerdem Nudeln und Reis, Brühwürfel, Sojasauce, Olivenöl, Senf, Ketchup, getrocknete Kräuter und Gewürze. Dann wären da noch Kartoffeln, Salat, Obst und Nüsse, und im Gefrierschrank vermutlich Pommes, Spinat oder Erbsen. Viele beliebte Gerichte enthalten schon eine Menge rein pflanzlicher Zutaten. Es braucht also nur ein

paar Alternativen, wie zum Beispiel Pflanzendrinks, Sojajoghurt, vegane Butter und pflanzliche Würstchen oder veganes Hack, um gängige Lieblingsgerichte zu veganisieren.

Wir müssen uns beim Einkauf nicht auf die »vegane Ecke« beschränken – obwohl es da durchaus leckere Produkte gibt. Wir können uns aus allen Regalen Lebensmittel und Zutaten greifen, die sowieso pflanzlich sind.

In vielen internationalen Küchen spielt Fleisch überhaupt keine so große Rolle: Ein leckeres Curry zum Beispiel – egal, ob indisch oder thailändisch – wird allein durch Gewürze und andere pflanzliche Zutaten so schön aromatisch. Ähnlich ist es in der traditionellen libanesischen, italienischen, mexikanischen, japanischen oder chinesischen Küche. All die herrlichen Aromen werden euch auch begegnen, wenn ihr vegan esst. Und falls ihr Fleisch vermisst, könnt ihr euch an der Fülle pflanzlicher Fleischalternativen bedienen.

Also: Was essen Veganer*innen? So ziemlich das Gleiche wie alle anderen.

WARUM VEGAN?

Jede*r Veganer*in hat eine ganz individuelle Motivation, aber drei zentrale Gründe für den Umstieg auf eine pflanzliche Ernährung tauchen immer wieder auf: Viele Menschen lehnen die industrielle Tierhaltung ab und wollen dieses System, das so viel Leid verursacht, nicht unterstützen. Anderen liegt unsere Erde am Herzen – das Klima, die Umwelt, Wildtiere und ihre Lebensräume, Wälder, Ozeane und Flüsse. Vegan zu essen ist für sie eine Möglichkeit, unseren Planeten und seine Artenvielfalt zu schützen. Wieder andere möchten ihr persönliches Risiko für chronische Krankheiten verringern[1] und ihrer eigenen Gesundheit etwas Gutes tun. Gleichzeitig schützen sie die Weltgesundheit, indem sie mit der Tierindustrie verbundene Gefahren wie Antibiotikaresistenzen[2] und Viruspandemien[3] reduzieren. Oft *werden* Menschen aus einem bestimmten Grund vegan – doch vegan *bleiben* sie anschließend aus ganz vielen.

Für die Tiere

Dass Tiere für ihr Fleisch sterben, ist allen Menschen bewusst. Aber nicht allen ist klar, wie sehr auch Kühe für ihre Milch und Hennen für ihre Eier leiden – und anschließend sterben – müssen. Kein landwirtschaftlich genutztes Tier darf auf einen gemütlichen Altersruhesitz hoffen. Der letzte Weg führt für sie alle zur Schlachtung, wenn sie für die Industrie unprofitabel werden.

Der Großteil der 70 Milliarden Tiere, die jährlich gezüchtet und geschlachtet werden, muss in Massentierhaltung leben. Sie werden in industriellen Betrieben aufgezogen und fressen verarbeitetes, mit Zusatzstoffen versetztes Futter. Die Tiere selbst und ihr Leben werden in jeder Hinsicht manipuliert: Sie sind überzüchtet, ihre Körper zurechtgestutzt und verstümmelt, künstliche Beleuchtung manipuliert ihren Zyklus, und ihre Fruchtbarkeit wird gesteuert. Die Tiere werden in Verschläge und Käfige gesperrt, Kinder von ihren Müttern getrennt. Es wird ihnen alles verwehrt, was ihr Leben lebenswert machen könnte. Würden sie frei leben, würden sie umherstreifen, in der Erde wühlen, sich einen Partner suchen, eine Höhle oder ein Nest bauen und ihre Jungen aufziehen. Vögel würden scharren und picken; Kühe würden umherwandern und grasen; Schweine würden die Erde auf der Suche nach Nahrung umgraben; Schafe würden durch zerklüftete Landschaften ziehen und sich zu Herden zusammenschließen, die ihnen Schutz bieten.

Umfragen zeigen, dass die meisten Menschen sich als tierlieb bezeichnen und die Massentierhaltung ablehnen. Ein großer Teil spricht sich auch für ein Verbot von industriellen Großschlachthöfen aus. Sobald es um unsere Ernährung geht, wird all das jedoch oft vergessen. Dabei genügt meist schon ein Blick in die Augen eines Tieres – wenn auch nur für einen kurzen Moment, wenn auch nur in einem Internetvideo –, um zu erkennen, dass das, was wir den Tieren antun, nicht richtig ist. Und so muss es nicht bleiben: Massentierhaltungsbetriebe und industrielle Schlachthöfe existieren nur, weil wir sie als Verbraucher*innen durch den Kauf von Fleisch-, Ei- oder Milchprodukten mitfinanzieren. Wenn wir aufhören, hören sie auf.

Für unseren Planeten

Seit Jahrzehnten wissen wir, dass sich die Erde erwärmt und dass die industrielle Tierhaltung und der Verzehr von tierischen Produkten zu diesem Wandel beitragen. Der genaue Anteil, den die Tierindustrie zu den weltweit freigesetzten klimaschädlichen Treibhausgasen beiträgt, ist strittig. Die Vereinten Nationen gehen von etwa 14,5 Prozent aus.[4] Das ist mehr als der gesamte Mobilitätssektor produziert. Andere sagen, die Zahl sei noch viel höher.[5] Aber alle renommierten, unabhängigen Institutionen – von der Harvard- und der Oxford-Universität bis zum Chatham House und den Vereinten Nationen[6] – sind sich einig: Um die Klimakrise zu bewältigen, braucht es eine pflanzliche Ernährungswende.[7]

Die Erwärmung des Planeten wäre bereits Grund genug für eine Ernährungsumstellung, aber die Tierhaltung hat noch andere gravierende Auswirkungen auf die Umwelt. Sie beansprucht so viel Land, dass sie einer der Hauptgründe für die Abholzung der Regenwälder ist. Bäume werden gefällt, um mehr Platz für die Weidehaltung zu schaffen oder um Soja anzubauen, das dann in die ganze Welt als Futtermittel verschifft wird. Wenn Wälder verschwinden, wird der Klimawandel beschleunigt und viele Tier- und Pflanzenarten gehen verloren.

2018 veröffentlichten 59 führende Wissenschaftler*innen aus aller Welt einen Bericht, der zeigte, dass wir seit 1970 rund 60 Prozent der Wildtierpopulationen verloren haben. Der Living Planet Index (LPI) stellte fest, dass der größte Verlust an wild lebenden Tieren auf die Zerstörung natürlicher Lebensräume zurückzuführen ist – vor allem zur Schaffung von Ackerland für den Futtermittelanbau. Die zweitgrößte Ursache für den Rückgang der biologischen Vielfalt war das Töten von Wildtieren für den menschlichen Konsum – einschließlich der Milliarden von Fischen, die jedes Jahr aus den Ozeanen gerissen werden. In einem Zeitraum von nur vier Jahren fiel das Ergebnis noch viel erschütternder aus: 2022 kam ein aktualisierter Bericht zu dem Schluss, dass seit 1970 rund 70 Prozent der Wildtierpopulationen verschwunden sind.[8]

Die Produktion tierischer Lebensmittel verbraucht nicht nur viel mehr Land, Wasser und Energie als die Herstellung pflanzlicher Lebensmittel zum direkten Verzehr. Sie erzeugt auch viel mehr Schadstoffe: Milliarden landwirtschaftlich gehaltene Tiere produzieren Ausscheidungen. Viel zu oft gelangen diese in Flüsse und Seen, verschmutzen Gewässer und Grundwasser, schaffen Todeszonen in den Weltmeeren und kosten Wildtiere ihre Lebensräume.

Kein Wunder also, dass sich immer mehr Menschen für eine nachhaltigere, schonendere, wildtierfreundliche und pflanzliche Ernährung entscheiden.

Für die Gesundheit

»Gesundheit« kann sowohl die Weltgesundheit – zum Beispiel den Schutz aller Menschen vor zukünftigen Pandemien – als auch das ganz individuelle Wohlbefinden beschreiben. Einige Neu-Veganer*innen berichten zum Beispiel von mehr Energie, besserem Schlaf, einem verbesserten Hautbild oder angenehmerer Verdauung. Aber erst auf lange Sicht kann eine pflanzliche Ernährung ihre positiven Effekte so richtig entfalten: Eine ausgewogene vegane Ernährung, die vor allem auf Vollwertkost basiert, kann das Risiko für viele chronische Krankheiten senken – darunter Herz-Kreislauf-Erkrankungen, Typ-2-Diabetes und sogar einige Krebsarten.[9] Dies sind einige der häufigsten Todesursachen, und so ist es nur logisch, dass immer mehr Menschen auf die kurz- und langfristigen gesundheitlichen Vorteile einer pflanzlichen Ernährung setzen. Und die positiven Auswirkungen sind noch viel größer: Bestimmt habt ihr schon von antibiotikaresistenten Superkeimen gehört oder gelesen. Wenn Antibiotika falsch oder im Übermaß eingesetzt werden, können sich Krankheitserreger anpassen und resistent gegen die Medikamente werden. So werden Krankheiten, die früher einfach behandelbar waren, plötzlich lebensbedrohlich. Und in der industriellen Tierhaltung werden Unmengen Antibiotika eingesetzt, um zu verhindern, dass zu viele Tiere frühzeitig durch die unwürdigen Haltungsbedingungen erkranken und sterben.

Eine weitere Bedrohung geht von einer erneuten Pandemie aus. Wir haben bereits einen Vorgeschmack darauf bekommen, was ein zoonotischer – also von Tieren auf Menschen übertragbarer – Erreger anrichten kann. In Hühnerfarmen zirkulieren derzeit Viren, die eine höhere Sterblichkeitsrate haben als Covid-19.[10] Bisher haben die Vogel- und Schweinegrippeviren glücklicherweise keinen Weg gefunden, sich leicht auf den Menschen zu übertragen – aber das kann sich jederzeit ändern. Wissenschaftler*innen aus dem Bereich der öffentlichen Gesundheit warnen immer wieder vor den Risiken der industriellen Tierhaltung – denn sie bietet einen idealen Nährboden für gefährliche Krankheitserreger.

Für alle

Es gibt so viele Gründe, sich pflanzlich zu ernähren, und jeder Grund ist ein guter Grund. Doch die Vorteile gehen weit über das persönliche Wohlbefinden hinaus: Nicht nur Hautbild, Energielevel oder Verdauung profitieren von einer pflanzlichen Ernährung – sondern auch die Tiere, Umwelt und Klima, natürliche Lebensräume und die Artenvielfalt. Eben der ganze Planet. Ihr könnt all das schützen, indem ihr ganz einfach lecker und vegan esst.

ALLER ANFANG IST ...

... viel leichter als gedacht. Ob ihr erst einmal ein paar pflanzliche Mahlzeiten mehr in euren Speiseplan einbauen oder direkt ganz vegan essen wollt: Niemand wird euren Kühlschrank durchforsten oder protokollieren, was auf euren Tellern liegt. Ihr entscheidet selbst, wie eure vegane Reise aussieht. Manche Menschen reduzieren tierische Produkte nach und nach und essen zum Beispiel erstmal zwei Tage in der Woche pflanzlich. Andere nehmen sich ein Lebensmittel nach dem anderen vor, starten vielleicht mit veganen Milchalternativen, finden dann die leckerste pflanzliche Wurst und schließlich ihre liebste Eiscreme oder Pizza. Und wieder andere räumen ganz unerschrocken ihre Schränke aus und befüllen sie mit veganen Vorräten. Wie immer eure Reise aussieht: Ihr müsst sie nicht alleine antreten.

Zunächst einmal gibt es Veganuary! Wir begleiten euch und versorgen euch mit Infos rund um die pflanzliche Ernährung. Millionen von Menschen haben bereits an unserer einmonatigen Challenge teilgenommen. Auf *veganuary.de* könnt ihr euch kostenlos registrieren, um einen Monat lang täglich E-Mails mit Tipps, Rezepten und Produktinfos zu bekommen. Die Anmeldung ist jederzeit möglich. Die meisten Teilnehmenden starten im Januar und werden damit Teil einer weltweiten Gemeinschaft von Menschen, die sich gemeinsam für positive Veränderungen einsetzen – und sich zeitgleich denselben Herausforderungen stellen.

Auch über Veganuary hinaus gibt es aktive Online-Communitys – vom veganen Backen über die Suche nach »zufällig veganen« Produkten oder Restaurants, bis hin zu Aktivismus, veganen Läufer*innen, Stricker*innen, Eltern ... und vieles mehr. Auch wenn ihr gerade (noch) keine anderen Veganer*innen kennt: Ihr seid nicht allein.

Und natürlich müsst ihr euch nicht nur auf die digitale Welt beschränken: In vielen Städten und Gegenden gibt es Events rund um Veganismus. Ob privat organisierte Treffen, Festivals, Messen oder Konferenzen und Tagungen, auf denen ihr euch spannende Vorträge anhören könnt – es gibt unendliche Möglichkeiten, euch mit Gleichgesinnten auszutauschen. Oder ladet direkt selbst ein: Wie wäre es, für Freund*innen und Familie mal euer neues veganes Lieblingsgericht zu kochen? Oder einen pflanzlichen Kochwettbewerb in der eigenen Küche zu veranstalten? Bei alldem wird euch dieses Buch unterstützen: Lasst euch inspirieren, nutzt es als Nachschlagewerk oder kocht und backt euch systematisch durch alle Rezepte. Eure Reise, eure Regeln!

10 TIPPS FÜR DEN START

1 Meldet euch bei Veganuary an: Es ist kostenlos, es macht Spaß, und es gibt jede Menge Unterstützung. Millionen von Menschen aus aller Welt haben sich der Veganuary-Challenge bereits gestellt, und 99 Prozent würden es weiterempfehlen!

2 Kennt euer »Warum«: Gewohnheiten lassen sich leichter ändern, wenn ihr wisst, warum. Nehmt euch etwas Zeit, um wirklich zu verstehen, warum eine pflanzliche Ernährung ein so umfassend positiver Schritt ist.

3 Schaut in eure Schränke: Wahrscheinlich findet ihr dort schon eine Menge vegane Lebensmittel. Verschenkt, was ihr nicht mehr essen wollt – zum Beispiel an Nachbar*innen.

4 Recherchiert: Wenn ihr bestimmte Lebensmittel vermisst, findet ihr Tipps für pflanzliche Alternativprodukte oder Rezepte zum Selbermachen.

5 Erstellt einen abwechslungsreichen Speiseplan: Das ist eine gute Orientierung für den nächsten Wocheneinkauf und verhindert Wiederholungen.

6 Veganisiert eure Lieblingsgerichte: Die allermeisten Gerichte lassen sich mit den richtigen Alternativen auch ganz einfach vegan zubereiten.

7 Seid kreativ: Probiert Zutaten, Gerichte und Länderküchen aus, die beim Kochen für euch bislang keine Rolle gespielt haben. Es gibt viel zu entdecken.

8 Findet eure Gemeinschaft: Egal, ob ihr gerne wandert, Metal hört oder Kekse liebt – die passende vegane (Online-)Community wartet schon auf euch.

9 Esst auswärts: Auf so gut wie jeder Speisekarte gibt es mittlerweile vegane Gerichte, und die Auswahl wächst – von der Systemgastronomie bis zu Spitzenrestaurants, von Kneipen bis zur internationalen Küche. Mehr Nachfrage erhöht außerdem das Angebot.

10 Seid nicht zu streng mit euch: Manchmal essen wir vielleicht aus Versehen etwas Tierisches, manchmal erliegen wir der Versuchung – oder dem spontanen (Heiß-)Hunger. Das ist in Ordnung! Verbucht es einfach als Schlenker und kehrt zurück in die Spur.

FÜR EINKAUF UND VORRATSSCHRANK

Es soll losgehen? Dann ist es an der Zeit, den Vorratsschrank mit den passenden veganen Lebensmitteln aufzustocken. Vieles davon wird euch ohnehin schon bekannt vorkommen. Hier kommen unsere Empfehlungen:

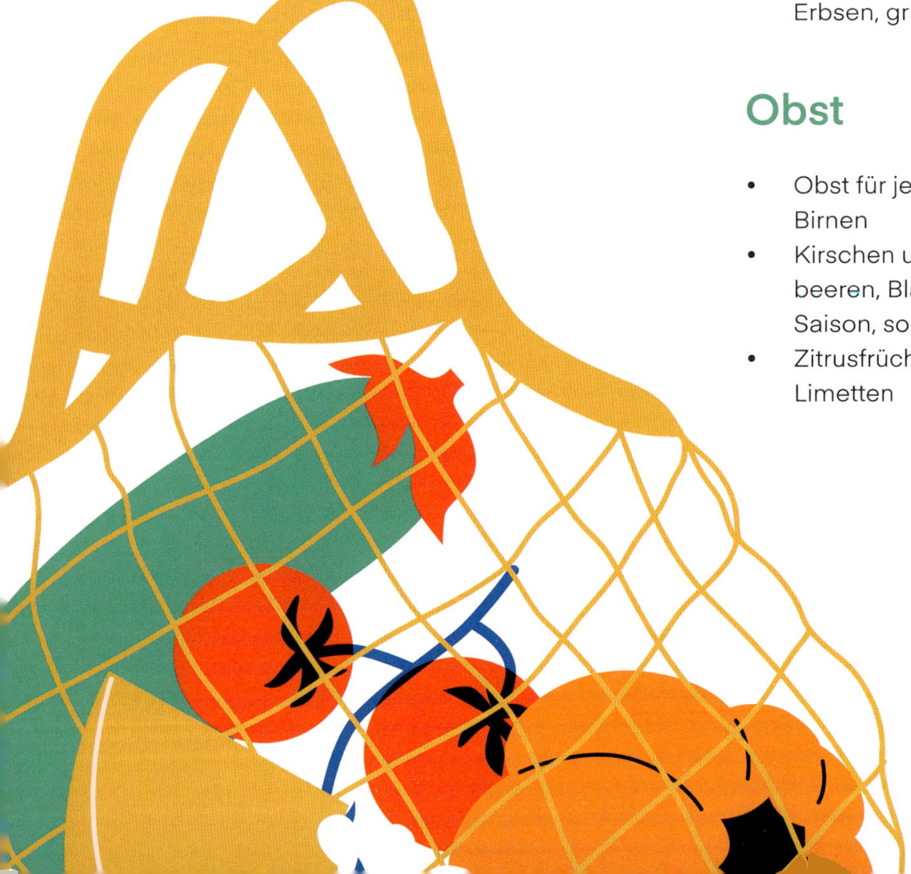

Gemüse

- Wurzelgemüse wie Kartoffeln, Süßkartoffeln, Pastinaken, Karotten
- Salatzutaten wie Blattsalate, Gurken, Avocados, Tomaten, Kresse
- grünes Gemüse und Blattgemüse wie Brokkoli, Kohl, Grünkohl, Sprossen, Spinat
- ... und für Vorratsschrank oder Gefrierschrank: Dosen- oder TK-Gemüse, z. B. Mais, Erbsen, grüne Bohnen

Obst

- Obst für jeden Tag wie Bananen, Äpfel, Birnen
- Kirschen und Beeren, einschließlich Himbeeren, Blaubeeren, Erdbeeren (frisch in der Saison, sonst gefroren)
- Zitrusfrüchte wie Orangen, Zitronen, Limetten

Kohlenhydrate

- Brot (auch abgepackt in Scheiben), Pita, Ciabatta, Brötchen, Bagels, Rosinenbrot
- unterschiedliche Nudeln, z. B. Spaghetti, Fusilli, Makkaroni, Lasagne
- Getreide, z. B. weißer und brauner Reis, Wildreis, Quinoa, Buchweizen

Proteine

- Tofu, Tempeh, Seitan
- Burger, Hackfleisch und Würstchen auf Pflanzenbasis
- Bohnen, z. B. Kidneybohnen oder weiße Bohnen
- Linsen, z. B. grüne, braune und rote Linsen (getrocknet oder in Dosen)
- Nüsse und Saaten, z. B. Walnüsse, Haselnüsse, Erdnüsse, Sonnenblumen- und Kürbiskerne

Alternativen zu Milchprodukten

- Pflanzendrinks und pflanzliche Butter, Sahne, Joghurt, Käse, Eiscreme oder Pudding

Haltbares

- Instantsaucen, Ketchup, Sriracha-Sauce, vegane Mayonnaise
- Konserven, z. B. Kokosmilch, Suppen, Tomaten
- Frühstücksprodukte wie Müsli, Haferflocken
- Brotaufstriche wie Erdnussmus, Hefeextrakt, Konfitüre, Hummus
- Gewürze wie Chilipulver, Kreuzkümmel, Currypulver
- Essig und Öl

Getränke

- Tee, Kräutertee, Kaffee, Fruchtsaft

Snacks

- Herzhaftes wie gesalzene Nüsse, Chips, Brezeln, Cracker
- Süßes wie Schokolade, Kekse, Donuts, Käsekuchen

BEISPIEL-WOCHENPLAN

Es gibt so viele tolle vegane Gerichte, und dennoch fragen sich Neu-Veganer*innen oft, wie sie drei Mahlzeiten am Tag ohne Wiederholungen zusammenstellen sollen.

	Mo	Di	Mi	Do
Frühstück:	Toast mit Erdnussmus oder Konfitüre, Fruchtsaft	Porridge mit Saaten und eine Tasse Kräutertee	Bagel mit veganem Frischkäse, Apfelsaft	Frischer Obstsalat mit gehackten Nüssen und Saaten
Mittag:	Folienkartoffel mit Baked beans und Salat	Gemüsesuppe mit Bohnen	Pikanter Kichererbsensalat (Seite 149)	Falafel-Wrap mit Hummus und Salat
Abendessen:	Red Dragon Pie (Seite 64) mit grünem Gemüse	Vegane Bratwurst mit Kartoffeln, Erbsen und brauner Sauce	Pilz-Bolognese (Seite 82)	Curry aus dem Vorratsschrank (Seite 113)

Fr	Sa	So
Frühstück: Süß-würzige Apfel-Pancakes (Seite 42)	**Frühstück:** Sahnige Kräuterpilze auf Toast (Seite 51)	**Frühstück:** Baked Oats mit Beeren & Walnüssen (Seite 46)
Mittag: Veganes Sushi	**Mittag:** Coronation Sandwich (Seite 120)	**Mittag:** Quiche mit buntem Gemüse (Seite 87) und Bohnensalat
Abendessen: Gemüse mit Räucher-tofu nach Satay-Art & Sambal (Seite 70)	**Abendessen:** Rauchige Mac & Cheese (Seite 73)	**Abendessen:** Pilz-Nuss-Braten Wellington (Seite 79) mit Ofenkartoffeln und frischem Gemüse

NÜTZLICHE ZUTATEN & RESTEVERWERTUNG

Unsere kleine Zutatenbibliothek soll euch dabei helfen, euren Vorratsschrank zu befüllen und euch mit der Vielfalt pflanzlicher Zutaten vertraut zu machen. Sie sind allesamt einfach zu bekommen und zu verarbeiten. Und ihr werdet überrascht sein, wie vielseitig alltägliche Grundnahrungsmittel sein können. Außerdem geben wir euch Tipps für die Verwendung angebrochener oder übrig gebliebener Zutaten, damit ihr nichts wegwerfen müsst. Übrigens: In der Liste findet ihr natürlich ausschließlich vegane Zutaten. Wenn es sich um pflanzliche Alternativen zu tierischen Produkten handelt, die denselben Namen tragen, wie etwa Butter, findet ihr den Zusatz »vegan« in Klammern.

Agavendicksaft

Ein Sirup, der aus dem Saft der Agavenpflanze gewonnen wird und den es in dunklen und hellen Varianten gibt. Im Supermarkt in der Nähe von Zucker oder Honig zu finden.

Reste verwerten: *Auf Eiscreme träufeln; in Dressings und Marinaden verwenden; als Süßungsmittel für Kuchen verwenden; anstelle von Honig in warmen Getränken verwenden.*

Rezepte: Cowboy Caviar (Seite 136), Erdnuss-Knusperbecher (Seite 54) oder Süß-würzige Apfel-Pancakes (Seite 42).

Ahornsirup

Erhältlich in Supermärkten, kann aber recht teuer sein. Ersatzweise Karamellsirup oder Agavendicksaft verwenden.

Apfelmus

Apfelmus in Gläsern steht im Supermarkt bei den Obstkonserven. Es eignet sich gut als Ersatz für Ei in Kuchen und Pfannkuchen.

Reste verwerten: *Zu Porridge oder Müsli, in Kuchen-, Plätzchen- oder Pfannkuchenteig rühren oder einfach so auf Pfannkuchen essen.*

Aquafaba

Das ist die Flüssigkeit von Kichererbsen (oder anderen Hülsenfrüchten) in Dose oder Glas. Die Kichererbsen durch ein Sieb abgießen und die Flüssigkeit auffangen. Gebrauchsfertiges Aquafaba könnt ihr online und in Bioläden kaufen. Lässt sich schaumig aufschlagen.

Reste verwerten: *Macht Backwaren wie Pfannkuchen, Muffins, Kuchen und Plätzchen schön locker.*

Rezepte: Nussige Chocolate Chip Cookies (Seite 202), Bakewell Tarte (Seite 208) oder Himbeer-Pavlova mit Rosen & Pistazien (Seite 190).

Bacon (vegan)

Im Kühlregal im Supermarkt. Das Etikett lesen, denn nicht jeder vegetarische Bacon ist zwangsläufig auch vegan.
Reste verwerten: *Für Sandwiches, Nudelsaucen, Pizza oder für ein englisches Frühstück.*
Rezepte: Cremige Carbonara mit Kokos-Bacon (Seite 60).

Barbecue-Sauce/-Gewürz

Es gibt viele Sorten Barbecue-Sauce, und die meisten sind vegan. Barbecue-Gewürz ist eine Mischung aus getrockneten und gemahlenen Kräutern und Gewürzen.

Basilikum

italienisches Basilikum

Das italienische Kraut könnt ihr eigentlich überall frisch in Töpfen kaufen. Wenn es mal nicht erhältlich ist, getrocknetes Basilikum verwenden.

Thai-Basilikum

Thai-Basilikum findet ihr am besten in asiatischen Supermärkten. Ihr könnt es auch durch italienisches Basilikum ersetzen. Reste einfrieren.
Reste verwerten: *Für Salate und asiatische Gerichte wie Currys und Satays.*

Bier

Heimische Biere sind in der Regel vegan, wenn sie nach dem Reinheitsgebot gebraut wurden. Doch nicht alle (internationalen) Biere sind vegan und nicht immer ist die Info auf dem Flaschenetikett vermerkt. Aber oft lassen sich Supermarkt-Apps nach rein pflanzlichen Produkten filtern oder Infos auf der Website der Brauerei finden.

Bockshornklee

Beliebte Zutat in der indischen Küche. Im Gewürzregal, in der internationalen Abteilung des Supermarkts oder im orientalischen Lebensmittelladen.

Bohnen

Adzuki-Bohnen

Kleine, rotbraune Bohnen, die ihr in Dosen kaufen könnt. Ersatzweise können schwarze Bohnen oder Augenbohnen verwendet werden.
Rezept: Red Dragon Pie (Seite 64).

Cannellini-Bohnen

Kleine weiße Bohnen mit mildem Geschmack, getrocknet oder als Konserve. Getrocknete Bohnen kosten weniger, müssen aber eingeweicht und gekocht werden.
Rezept: Panzanella aus dem Ofen (Seite 88).

Kidneybohnen

Dunkelrote, nierenförmige Bohnen, typisch für Chili sin carne.
Reste verwerten: *Für deftige Salate, Chili sin carne oder herzhafte Burgerpattys.*
Rezepte: Dal für jeden Tag (Seite 107), Cowboy Caviar (Seite 136) oder Superfood-Suppe (Seite 170).

schwarze Bohnen

Nicht zu verwechseln mit Augenbohnen. Frisch, getrocknet und in Dosen erhältlich. Getrocknete Bohnen müssen 1 Stunde gekocht werden, Bohnen aus der Dose sind bereits verzehrfertig.
Reste verwerten: *Köstlich in Bohnensalaten, Chili sin carne oder Burritos.*
Rezepte: BeaNut Burger (Seite 62) oder Bohnen-Mole mit Süßkartoffel-Pommes (Seite 74).

weiße Bohnen

In verschiedenen Größen erhältlich, getrocknet oder als Konserve. Der Geschmack ist mild. Getrocknete Bohnen vor dem Kochen über Nacht einweichen.
Reste verwerten: *In Chilis und Eintöpfen, püriert als Dip, in pikanter Tomatensauce oder in Salaten.*
Rezepte: Weiße Bohnen mit Wurzelgemüse & Knödeln (Seite 108).

Buchweizen

Er wird wie Getreide gegessen, ist aber ein Pseudogetreide, eignet sich also auch für Menschen mit Glutenunverträglichkeit. Im Supermarkt meist in der Nähe von Reis und anderen Getreidearten zu finden, manchmal auch bei internationalen Spezialitäten.
Reste verwerten: *Anstelle von Reis als Beilage zur Hauptmahlzeit, in Burritos oder für Porridge.*

Butter (vegan)

Vegane Butter findet ihr im Supermarkt meist neben der normalen Butter. Sie wird oft aus Sonnenblumen- oder Rapsöl hergestellt, manchmal auch aus Soja-, Oliven- oder Avocadoöl.

Cayennepfeffer

Ein gemahlenes Gewürz mittlerer Schärfe.

Chiasamen

Die kleinen Samen bekommt ihr in Bioläden, Drogerien und in Supermärkten, oft bei Getreide oder Cerealien. Sie sind sehr nährstoffreich und können, wenn sie in Wasser gequollen sind, als Ei-Ersatz zum Backen verwendet werden.
Reste verwerten: *In Smoothies und Salatdressings, auf Müsli oder im Teig für Pfannkuchen und Gebäck.*

Chili, frischer

In der Gemüseabteilung.

Kleine grüne Chilis

Sie sind kürzer und dünner als normale grüne Chilis, aber auch deutlich schärfer.

Reste verwerten: *Für Chili sin carne, Thai-Currys, mexikanische und indische Gerichte.*
Rezepte: Ceviche mit Palmherzen (Seite 138) oder Cowboy Caviar (Seite 136).

grüne Chilis

In diesen Buch sind damit die größeren grünen Chilis gemeint. Wer stattdessen kleine grüne Chilis verwendet, kann die Menge reduzieren.
Reste verwerten: *Für Currys und Chili sin carne, in Guacamole, Burritos und Wok-Gerichten.*
Rezepte: Ceviche mit Palmherzen (Seite 138) oder Cowboy Caviar (Seite 136).

rote Chilis

In diesem Buch sind damit die größeren roten Chilis gemeint. Wer es deutlich schärfer mag, nimmt Vogelaugenchilis.
Reste verwerten: *Für Currys und Chili sin carne, Salsas und pikante Suppen.*
Rezepte: Maispuffer mit milder Chilisauce (Seite 126).

Chiliflocken

Im Gewürzregal. Manche Supermärkte führen verschiedene Sorten, z. B. Kashmiri und Chipotle, aber alle können verwendet werden. Von milderen Sorten wie Ancho einfach etwas mehr nehmen.

Chilisauce

Es gibt verschiedene Marken, und die meisten sind vegan. Im Supermarkt stehen sie meist bei Mayonnaise, Senf und Grillsaucen. *Siehe auch* Sriracha-Sauce.

Chorizo (vegan)

Auch von dieser beliebten pikanten Wurst gibt es vegane Varianten. Zu finden im Kühlregal gut sortierter Supermärkte oder online. Alternativ kann eine andere vegane Wurst verwendet werden.
Reste verwerten: *Für Risotto, Paella, Eintöpfe, Pizza oder Nudelgerichte.*

Currypulver

Gibt es in verschiedenen Schärfegraden. Bei der Auswahl entscheidet der persönliche Geschmack.

Dill

Frisch in der Gemüseabteilung und gefroren aus dem TK-Regal. Getrocknete Dillspitzen aus dem Gewürzregal sparsamer dosieren (ca. ein Drittel).
Reste verwerten: *Für Kartoffelsalate und cremige Dips.*
Rezepte: Blumenkohl-Wings mit Dill-Dip (Seite 124), Sahnige Kräuterpilze auf Toast (Seite 51) oder Fenchelsalat mit Roten Beten & Wildreis (Seite 144).

Fleisch-Alternativen

Rindfleisch-Alternative

Es gibt verschiedene gekühlte, tiefgekühlte oder getrocknete Produkte (zum Einweichen). In Supermärkten, Bioläden oder online.

Hack aus Soja oder Erbsenprotein

Fettarm und proteinreich, in gut sortierten Supermärkten erhältlich. Frische oder gefrorene Produkte haben oft eine angenehmere Konsistenz als getrocknete, aber getrocknete Sojaschnetzel sind preiswerter und können (eingeweicht) in unseren Rezepten ebenso verwendet werden.

Wurst (vegan)

Vegane Würste gibt es inzwischen in den meisten Supermärkten in einiger Auswahl, im Kühlregal und auch tiefgefroren.

Flüssigrauch

Ein Naturprodukt, das aus kondensiertem Holzrauch hergestellt wird. Nicht überall erhältlich, kann aber online bestellt werden. Im Zweifel einfach weglassen oder durch Rauchpaprikapulver ersetzen.

Reste verwerten: *1–2 Tropfen an herzhafte Gerichte geben, die einen rauchigen Geschmack vertragen, z. B. Burger und Hotdogs, für Marinaden, Saucen und Dips.*

Rezepte: Tapenade mit Orangenschale (Seite 154), Mediterrane One-Pot-Pasta (Seite 86) oder Fenchelsalat mit Roten Beten & Wildreis (Seite 144).

Garam masala

Eine indische Gewürzmischung, je nach Hersteller mit etwas anderen Zutaten. Im Gewürzregal.

Granatapfel-Sauer

Bei den Spezialitäten im Supermarkt oder in internationalen Lebensmittelläden, auf jeden Fall in türkischen. In unseren Rezepten kann er notfalls weggelassen oder durch Aceto-Creme ersetzt werden. Auf »100 % Granatapfel« achten, manche Hersteller fügen Glukose hinzu.

Reste verwerten: *Zu Ofengemüse, für Marinaden und Dressing, in Hummus oder Kuchenglasuren einrühren.*

Hefeflocken

Flocken mit einem verblüffenden Käsegeschmack und einem hohen Gehalt an B-Vitaminen. In Bioläden, Reformhäusern, in der Gesundheitsabteilung von Supermärkten oder online. Als Parmesanersatz beliebt.

Reste verwerten: *Über Nudelsaucen streuen, in Käsesaucen und Käsegerichte einrühren, für herzhafte Scones und Pfannkuchen.*

Rezepte: Rauchige Mac & Cheese (Seite 73) oder Gegrillter Caesar Salad (Seite 134).

Hoisin-Sauce

Eine dickflüssige, süßlich-würzige Sauce aus fermentierten Sojabohnen. Die meisten Marken sind vegan.

Ingwer

frisch

Unregelmäßig geformte, knorrige Wurzeln. In der Gemüseabteilung.

gemahlen

Fein gemahlene getrocknete Ingwerwurzel, im Gewürzregal.

Reste verwerten: *Geraspelt für Currys, asiatische Suppen und Wok-Gerichte sowie Lebkuchen, in Scheiben als Tee aufgegossen, den Saft für Smoothies und Säftemix verwenden.*

Rezepte: Kambodschanisches Samlá-Curry (Seite 84), Dal für jeden Tag (Seite 107), Sticky Tofu mit Sesam & Ingwer (Seite 106), Ramen (Seite 162) oder Thai Style Kürbissuppe (Seite 168).

Jackfruit

Das Fruchtfleisch hat eine fleischähnliche Konsistenz und nimmt beim Kochen Aromen und Gewürze gut an. In gut sortierten Supermärkten bei den Konserven, in der internationalen Abteilung oder im Asialaden.

Joghurt (vegan)

Veganer Joghurt auf der Basis von z. B. Soja, Kokos oder Hafer ist in den meisten Supermärkten erhältlich. Die verschiedenen Sorten haben jeweils einen Eigengeschmack. Kokosjoghurt passt gut zu Asiatischem und zu exotischen Früchten. Sojajoghurt passt etwas besser zu Gebäck.

Reste verwerten: *Zum Frühstück mit Obst, Getreideflocken oder Porridge, zu Pfannkuchen, für Raita oder zu Currys.*

Rezepte: Kedgeree mit Kräuterjoghurt (Seite 52), Gebackener Kürbis mit Perl-Couscous & Kokos-Limetten-Joghurt (Seite 90), Lebkuchen-Granola mit Erdbeeren (Seite 44), Baked Oats mit Beeren & Walnüssen (Seite 46), Fenchelsalat mit Roten Beten & Wildreis (Seite 144), Irisches Haferbrot (Seite 174) oder Coronation Sandwich (Seite 120).

Kakaopulver

Echtes Kakaopulver besteht aus gemahlenen Kakaobohnen – und sonst nichts. Im Supermarkt ist es meist bei den Backzutaten zu finden. Bitte nicht verwechseln mit kakaohaltigem Getränkepulver, das viel Zucker und Aromen enthält.

Kala Namak

Auch schwarzes Salz genannt. Schmeckt wegen seines hohen Schwefelgehalts nach Ei. In Supermärkten ist es selten zu bekommen, aber ihr könnt es online bestellen. In unseren Rezepten könnt ihr es auch weglassen.

Kapern

Die kleinen Knospen eines mediterranen Strauchs eignen sich gut, um Tomatensauce oder Pizza würzig aufzupeppen. Sie werden in Gläsern verkauft und stehen im Geschäft meist bei den Gewürzen oder bei Eingelegtem, wie Dillgurken.
Reste verwerten: *Für Nudelgerichte, Kartoffelsalat oder auf Pizza, in Spaghettisauce oder für Aubergine parmigiana.*
Rezepte: Tapenade mit Orangenschale (Seite 154), Mediterrane One-Pot-Pasta (Seite 86) oder Fenchelsalat mit Roten Beten & Wildreis (Seite 144).

Kardamom

Ihr könnt sowohl ganze Kardamomkapseln als auch gemahlenen Kardamom kaufen. Für Currys, Reisgerichte und orientalische Gerichte. Im Gewürzregal.

Käse (vegan)

Alle Supermärkte bieten inzwischen veganen Käse in verschiedenen Geschmacksrichtungen und Konsistenzen an, von Scheibenkäse bis zu Feta. Ihr findet ihn im Kühlregal, manchmal beim Kuhmilchkäse und manchmal in einer veganen Ecke. Achtung: Laktosefreier Käse ist nicht automatisch vegan.

Feta (vegan)

Vegane Versionen des griechischen Weißkäses sind in den meisten Supermärkten zu bekommen.
Reste verwerten: *Für griechischen Bauernsalat oder Salate auf Getreidebasis, in Nudelsaucen und auf Gratins.*
Rezepte: Blätterteig-Häppchen mit Walnüssen (Seite 122).

Frischkäse (vegan)

Veganen Frischkäse gibt es in verschiedenen Geschmacksrichtungen. Prima für Sandwiches und Dips. Neutraler veganer Frischkäse eignet sich auch für Käsekuchen und süße Cremes.
Reste verwerten: *Für Sandwiches mit Salat und Kräutern, für cremige Nudelsaucen, für Dips zu Crackern und Gemüsesticks.*
Rezepte: Schoko-Orangen-Cheesecake (Seite 182) oder Gemüse-Wraps (Seite 130).

Parmesan (vegan)

Veganer Parmesan ist in vielen Supermärkten erhältlich, aber auch online. Ersatzweise können vegane Hartkäse oder Hefeflocken (siehe Seite 25) verwendet werden.
Reste verwerten: *Zu Nudelgerichten und Aufläufen, Risotto, in Kartoffelpüree oder zum Überbacken.*

Kichererbsen

Getrocknet oder als Konserve zu kaufen. Getrocknete Kichererbsen kosten etwas weniger, müssen aber über Nacht eingeweicht und mindestens 1 Stunde gekocht werden. Mit Konserven geht es schneller, und sie liefern Aquafaba (siehe Seite 21).

Reste verwerten: *Für Gemüsesuppen und Eintöpfe, gehaltvolle Salate und Hummus.*

Rezepte: Kichererbsen-Sandwich (Seite 116), Pikanter Kichererbsensalat (Seite 149) oder Frühstücks-Burrito mit Sriracha-Mayo (Seite 56).

Kokosblütenzucker

In größeren Supermärkten im Regal beim Zucker. Ersatzweise kann heller Rohrohrzucker verwendet werden.

Kokosnuss

Kokoscreme im Block

Konzentrierte, zum Block gepresste Kokosnusscreme. Im gut sortierten Supermärkten in der internationalen Abteilung und im Asialaden.

Kokosmilch

Kokosmilch in Dosen findet ihr in jedem Supermarkt, auch bio und fairtrade. Die fettreduzierte Variante enthält lediglich etwas Wasser, das könnt ihr auch selbst einrühren.

Reste verwerten: *Über Eis, für Cocktails, einen Schuss in Obstsalat oder Kompott geben, für Gebäck.*

Kokosöl

Das Öl ist entweder bei den anderen Ölen oder in der Naturkostabteilung des Supermarkts zu finden. Die unraffinierte Variante ist bei Zimmertemperatur fest. Es ist ein Fett, kann also nicht wie Kokoscreme oder Kokosmilch verwendet werden. Als Ersatz eignen sich Pflanzenöle wie Raps- oder Sonnenblumenöl.

Kokosraspel

Getrocknete Kokosraspel sind bei den Backzutaten zu finden.

Reste verwerten: *Zum Müsli, vor dem Servieren über Currys streuen, für Brownies, Plätzchen und Kokosmakronen.*

Kokosspäne

Die größeren Flocken oder Späne bekommt ihr im Supermarkt, in Bioläden oder online.

Reste verwerten: *Über Müsli oder Porridge streuen, für Knuspermüsli, auf Kuchen streuen oder für Plätzchen verwenden.*

Rezepte mit Kokosprodukten (Auswahl): Kambodschanisches Samlá-Curry (Seite 84), Pasta Frola (Seite 196), Rocky Road ohne Backen (Seite 199) oder Kokos-Schoko-Töpfchen mit Rum & einem Hauch Chili (Seite 188).

Konfitüre

Fast alle Konfitüren sind vegan, denn sie enthalten nur Obst, Zucker, Zitronensäure und eventuell zusätzliches Pektin (ein pflanzliches Geliermittel).

CAMPINS
CONSELL - INOX

Koriander

Frischen Blattkoriander findet ihr oft bei den Kräutern in der Gemüseabteilung, ihr könnt ihn auch selbst im Blumentopf ziehen. Immer im Asialaden. Gemahlene Koriandersamen stehen im Gewürzregal. Menschen, für die Koriander nach Seife schmeckt (was wohl genetische Gründe hat), können ihn einfach weglassen oder durch Kerbel ersetzen.

Reste verwerten: *Über Suppen und Currys streuen, zu Salaten geben, für Guacamole und Burritos.*

Rezepte: Bunter Salat mit Ananas (Seite 148), Coronation Sandwich (Seite 120), Maispuffer mit milder Chilisauce (Seite 126), Grünes Thai-Curry (Seite 66) oder Chole Chawal mit Raita (Seite 100).

Kreuzkümmel

Im Gewürzregal, ganze Samen oder gemahlen. Wir verwenden stets gemahlenen Kreuzkümmel, sofern nicht anders angegeben.

Kümmel

Im Gewürzregal. Ganze Samen sind üblicher, aber er wird auch gemahlen angeboten. Für herzhaftes Gebäck, ist Bestandteil von Brotgewürz.

Kurkuma

Ein sehr gesundes Gewürz, das trotzdem sparsam verwendet werden sollte. Vorsicht, es färbt stark (goldgelb) und hinterlässt hartnäckige Flecken.

Leinsamen

Bei den Backzutaten oder in der Naturkostabteilung von Supermarkt oder Drogerie. Lassen sich direkt geschrotet oder gemahlen kaufen, sind dann allerdings weniger lange haltbar. Ihr könnt sie auch selbst in Mixer oder Mühle zerkleinern. Mit Wasser gequollen, kann man sie als Ei-Ersatz zum Backen verwenden.

Reste verwerten: *Über Müsli oder Porridge streuen, als Ei-Ersatz in Gebäck.*

Rezepte: Zitronencrêpes (Seite 198), Rock Cakes mit Kirschen (Seite 219) oder Früchtebrot mit Bier (Seite 218).

Linsen

grüne Linsen

Etwas größer als rote Linsen und mit etwas festerem Biss. Linsen in Dosen sind bequem in der Verwendung. Getrocknete Linsen sind etwas preiswerter, müssen aber 40 Minuten kochen.

Reste verwerten: *Für sättigende Suppen, Eintöpfe oder Dal.*

Rezepte: Pastel de Papas (Seite 99).

Puy-Linsen

Die kleinen, braunen Linsen mit leicht pfeffrigem Aroma zerfallen nicht so leicht. Manchmal bekommt ihr sie vorgekocht. Eventuell durch braune Linsen aus der Dose ersetzen.

Reste verwerten: *Für Suppen, Salate, Currys und Nudelsaucen.*

rote Linsen

Die kleinen getrockneten Linsen müssen nicht eingeweicht werden und sind trotzdem in 10–20 Minuten gar, je nach gewünschter Konsistenz. Auf der Packung nachlesen, ob sie geschält oder ungeschält sind, denn das wirkt sich auf die Garzeit aus.

Reste verwerten: *Zum Andicken von Suppen und Eintöpfen, für Dal.*

Rezepte: Mediterrane One-Pot-Pasta (Seite 86), Superfood-Suppe (Seite 170) oder Dal für jeden Tag (Seite 107).

Lorbeerblätter

Im Gewürzregal des Supermarkts. Sie werden mitgekocht, damit sie ihr Aroma entfalten, sollten aber vor dem Servieren herausgefischt werden.

Mandelmus

In Supermärkten, Bioläden und Drogeriemärkten dort, wo es auch Erdnussmus gibt.

Melasse

Es gibt verschiedene Sorten, aber ihr bekommt sie meist nur in Bioläden. Englischer Black Treacle ist eine zartbittere Sorte. Ersatzweise kann dunkler Zuckerrübensirup verwendet werden.

Minze

Frische Minze könnt ihr als Bund kaufen, aber vorteilhafter sind Töpfe für die Fensterbank, von denen ihr immer wieder ernten könnt, weil die Pflanzen nachwachsen.

Reste verwerten: *Für Blattsalate, Joghurt-Dip, herzhafte Reis- und Couscous-Gerichte, für Tee und kalte Getränke.*

Rezepte: Erbsen-Hummus mit Minze (Seite 158), Gebackener Blumenkohl mit Kräuter-Quinoa & Minz-Mayo (Seite 67), Pikanter Kichererbsensalat (Seite 149), Superfood-Suppe (Seite 170), Chole Chawal mit Raita (Seite 100) oder Lebkuchen-Granola mit Erdbeeren (Seite 44).

Misopaste

Herzhafte Paste aus Sojabohnen, in Dosen, Schraubgläsern oder Beuteln. Gibt es auf jedem Fall im Asialaden. Helle Misopaste schmeckt milder als dunkle – einfach nach Geschmack wählen. Ihr könnt sie mitkochen, aber sie kann dabei den Geschmack verändern. Besser erst am Ende einrühren.
Reste verwerten: *Gibt Suppen und Brühen, Marinaden und Dressings einen herzhaften Geschmack.*
Rezepte: Ramen (Seite 162) oder Rauchige Mac & Cheese (Seite 73).

Muskatnuss

Im Gewürzregal jedes Supermarkts. Am besten ganze Muskatnüsse kaufen und nach Bedarf frisch reiben.

Nori

Die Algen werden meist in größeren Blättern im gut sortierten Supermarkt oder im Asialaden angeboten. Sie geben Speisen einen angenehmen Umami-Geschmack »nach Meer«. Auch als Flocken erhältlich, die sind praktisch zum Würzen.
Reste verwerten: *Für Misosuppe, über asiatische Nudelsalate streuen oder zum Rollen von Sushi.*

Orangenextrakt

Bei den Backzutaten neben anderen Backaromen wie Vanilleextrakt. Alternativ abgeriebene Bio-Orangenschale, Orangenpaste, getrocknete Orangenschale oder Orangenzucker (bei den Backzutaten).

Oregano, getrocknet

Im Gewürzregal. Toll für italienische und mexikanische Gerichte.

Palmherzen

In Dosen in gut sortierten Supermärkten zu bekommen, ansonsten online.

Paprikapulver

Drei Sorten – edelsüß, rosenscharf und geräuchert – sind im Gewürzregal zu finden. Alle haben ihre Berechtigung in der Küche.

Passierte Tomaten

Dickflüssiges Püree aus gekochten Tomaten ohne Stückchen. In Tetrapacks oder Gläsern/Flaschen im Handel, meist bei Nudeln oder Tomaten in der Dose. Ersatzweise Tomaten aus der Dose einfach im Mixer pürieren.
Reste verwerten: *Für Suppen, Eintöpfe, Currys, Schmorgerichte und zum Bestreichen von Pizza.*
Rezepte: Mediterrane One-Pot-Pasta (Seite 86).

Petersilie

Wahlweise glatte oder krause Petersilie verwenden. Im Supermarkt oder auf dem Wochenmarkt. **Reste verwerten:** *Über Salate, Suppen, herzhafte Tartes und Reisgerichte streuen, für Taboulé und Nudelsaucen.*

Rezepte: Taboulé mit Buchweizen (Seite 140), Kartoffelsalat für alle Gelegenheiten (Seite 142) oder Blumenkohl-Wings mit Dill-Dip (Seite 124).

Pfefferkörner

Ganz oder gemahlen, im Gewürzregal. Wahlweise weißen Pfeffer verwenden. Roter Pfeffer ist kein »echter« Pfeffer, eigentlich handelt es sich um rote Pfefferbeeren. Nach Belieben auch bunten Pfeffer verwenden.

Pflanzendrinks

Pflanzliche Milchalternativen bekommt ihr in jedem Supermarkt. Soja-, Mandel- und Haferdrink sind die gängigsten, es gibt aber auch Drinks aus Cashews, Reis, Hanf und Haselnüssen. Selbst wenn in einem Rezept eine bestimmte Sorte angegeben ist, kann nach Geschmack eine andere verwendet werden.

Pilze, getrocknete

Shiitake

In Supermärkten in Tüten oder Schachteln erhältlich. Müssen vor der Zubereitung eingeweicht werden. Sie haben einen intensiven, erdigen Geschmack. Manchmal frisch erhältlich, vor allem im Asialaden.

Steinpilze

Auch sie werden getrocknet in Schachteln oder Tüten verkauft und müssen eingeweicht werden. In der Saison sind sie auch frisch erhältlich. Der Geschmack ist würzig und herzhaft.
Beide Sorten können durch andere getrocknete Pilze ersetzt werden, dann ist der Geschmack eventuell etwas anders.

Quinoa

Samen, die wie Getreide gekocht und zubereitet werden. Proteinreich, schmackhaft und eine Alternative zu Reis. In Supermärkten neben Reis und anderem Getreide oder in der Reformkostabteilung.

Ramen-Nudeln

Diese Weizennudeln sind häufig vegan und mittlerweile in vielen Supermärkten zu bekommen. Natürlich auch im Asialaden.
Reste verwerten: *Zu Wok-Gerichten oder Currys mit Kokosmilch, zu thailändischen klaren Suppen.*

Ras el-Hanout

Nordafrikanische Mischung aus Koriander, schwarzem Pfeffer, Zimt, Piment und anderen Gewürzen. Im Gewürzregal.

Reisnudeln

Nudeln aus Reismehl (nicht in Reisform), dünn oder als Bandnudeln. In der internationalen Abteilung des Supermarkts oder im Asialaden. Auf die Quellzeit achten: Manche sind sehr schnell zubereitet, andere brauchen etwas länger.
Reste verwerten: *Zu Wok-Gerichten oder Currys mit Kokosmilch, zu thailändischen Suppen.*

Rosenblütenblätter

Eine hübsche Garnierung für Salate und Süßspeisen. Alle ungespritzten Rosenblätter sind essbar. Ihr könnt sie selbst sammeln oder online kaufen. Supermärkte bieten sie selten an. Getrocknete gibt es im türkischen Lebensmittelladen.

Rosenwasser

Fällt als Nebenprodukt bei der Destillation von Rosenöl aus Rosenblüten an. Beliebt in der nahöstlichen, indischen und chinesischen Küche. Im Supermarkt bei den Backzutaten, in Bioläden, Asialäden, Feinkostgeschäften und online.
Reste verwerten: *Für Tortencremes, Pudding, Muffinteig oder Sorbets. Mit Fruchtsirup mischen und über Eiscreme oder Pfannkuchen träufeln.*

Rosmarin

Frisch oder getrocknet. Von frischem Rosmarin etwa dreimal so viel verwenden wie von getrocknetem.
Reste verwerten: *Zu Ofenkartoffeln und Ofengemüse, zu Nudelauflauf, Gemüsespießen oder zum Aromatisieren von Olivenöl.*
Rezepte: Selleriesuppe mit Knoblauchcroûtons (Seite 166), Ofenkartoffeln mit Würstchen (Seite 78) oder Pilz-Nuss-Braten Wellington (Seite 79).

Rum

brauner Rum

Brauner Rum ist fast immer vegan.

Kokosnussrum

Oft ist auch cremiger Kokosnussrum vegan. Genauere Informationen auf der Website des Herstellers.
Reste verwerten: *Über Eis träufeln, für Cocktails, Obstsalate und Kompott, für Kuchenteige.*

Sahne (vegan)

Sahnealternativen, z. B. auf Hafer- oder Sojabasis, meist in Tetrapacks, sind im Kühlregal oder bei den ungekühlten Milchprodukten zu finden. Es gibt zwei Varianten: zum Kochen und zum Schlagen.

zum Kochen: Cuisine

Vegane Sahne zum Kochen lässt sich nicht steif schlagen. Um den Begriff »Sahne« zu vermeiden, haben viele Hersteller sich auf den Begriff »Cuisine« als Zusatz geeinigt.

Reste verwerten: *Für Suppen und Currys, als Grundlage für »sahnige« Saucen oder zu Kuchen und Desserts.*

Rezepte: Sahnige Kräuterpilze auf Toast (Seite 51) oder Sticky Toffee Pudding (Seite 185).

schlagfähig: Schlagcreme

Vegane Sahne zum Schlagen (Schlagcreme) steht ebenfalls im Kühlregal oder bei den ungekühlten Milchprodukten.

Reste verwerten: *Zu allem, zu dem ihr Schlagsahne essen möchtet.*

Rezepte: Banoffee Pie (Seite 180) oder Himbeer-Pavlova mit Rosen & Pistazien (Seite 190).

Salz

Tafelsalz, Meersalz und alle anderen Salzsorten können wahlweise verwendet werden.

Schnittlauch

Frischer Schnittlauch hat ein mildes Zwiebelaroma. Ihr könnt ihn in Töpfen kaufen, aber auch leicht selbst im Garten oder auf der Fensterbank ziehen.

Reste verwerten: *Über Salate, Suppen und Risotto streuen, zu Kartoffelpüree oder Ofenkartoffeln, für cremige Dips und herzhaftes Gebäck.*

Rezepte: Sahnige Kräuterpilze auf Toast (Seite 51).

Schokolade (vegan)

Dunkle (Zartbitter-)Schokolade ist häufig vegan, es gibt aber auch vegane helle Schokolade, die Pflanzendrink enthält. Keine Sorge, wenn in der Zutatenliste »Kakaobutter« steht, sie wird nicht aus Kuhmilch hergestellt, sondern ist das Fett der Kakaobohnen.

Reste verwerten: *Einfach naschen, gerieben in Kuchenteige und Desserts rühren oder schmelzen und über Eis träufeln oder Früchte eintauchen.*

Rezepte: Schokoladentorte (Seite 210), Schoko-Orangen-Cheesecake (Seite 182) oder Rocky Road ohne Backen (Seite 199).

Schokoladentropfen

Perfekt für Gebäckteig. Wer keine veganen Schokoladentropfen findet, kann einfach vegane Schokolade grob hacken.

Reste verwerten: *Für Kuchen- und Plätzchenteig.*

Rezepte: Rock Cakes mit Kirschen (Seite 219) oder Bananenbrot mit Chocolate Chips (Seite 212).

Selleriesalz

Eine Mischung aus Meersalz und Selleriepulver.

Semmelbrösel

Semmelbrösel gibt es fertig zu kaufen, aber es ist viel preiswerter, sie aus Weißbrot (frisch oder einige Tage alt) selbst zu machen: Einfach im Mixer zerkleinern.

Reste verwerten: *Zum Bestreuen von Gratins, für Füllungen, zum Andicken von Saucen oder zum Binden der Zutaten in Pies.*

Rezepte: Roter Paprikadip mit Walnüssen (Seite 152) oder Treacle Tarte (Seite 191).

Senf (Dijon, mittelscharf oder körnig)

Senf wird normalerweise nur mit Weißweinessig hergestellt und ist darum vegan. Trotzdem auf die Verpackungsangaben achten.

Reste verwerten: *Zu Nussbraten, Burgern und Hot Dogs, für Salatdressings oder herzhafte cremige Saucen.*

Rezepte: Sahnige Kräuterpilze auf Toast (Seite 51) oder Auberginen-Stroganoff (Seite 102).

Sesam

Öl

Wird meist aus geröstetem Sesam hergestellt und in der asiatischen Küche verwendet. Im Supermarkt oder Asialaden bei den anderen Ölen zu finden. Schmeckt sehr intensiv, sparsam dosieren.

Reste verwerten: *Kurz vor dem Servieren über Wok-Gerichte träufeln.*

Rezepte: Ramen (Seite 162) oder Sticky Tofu mit Sesam & Ingwer (Seite 106).

Samen

In Supermärkten entweder in der Backabteilung oder bei Kernen und Cerealien. Naturbelassener Sesam ist mild, gerösteter hat einen intensiveren Geschmack. Schwarzer Sesam ist dekorativ, schmeckt aber ähnlich.

Reste verwerten: *Über Salate, Suppen und Wok-Gerichte streuen, zu Porridge und Müsli, für Brotteige.*

Rezepte: Sticky Tofu mit Sesam & Ingwer (Seite 106).

Sriracha-Sauce

Eine scharfe thailändische Chilisauce, im gut sortierten Supermarkt, Orient- oder Asialaden. Ersatzweise kann eine andere scharfe Sauce oder Paste verwendet werden, z. B. Sambal Oelek. *Siehe auch* Chilisauce, Seite 24.

Reste verwerten: *Für alles, was scharf sein soll: Chili sin carne, Thai-Currys, Burritos und scharfe Nudelgerichte.*

Rezepte: Frühstücks-Burrito mit Sriracha-Mayo (Seite 56) oder Argentinischer Locro (Seite 104).

Sternanis

Vielleicht das hübscheste aller Gewürze. Schmeckt leicht nach Lakritz. Im gut sortierten Gewürzregal.

Tabasco

Konzentrierte Chilisauce und stets vegan.

Tahin

Cremige, sehr ölige Paste aus Sesam, die oft für Hummus und Kebabs verwendet wird. In vielen Supermärkten und Asialäden.
Reste verwerten: *Für Hummus, zu Falafel, für Dips und Dressings, in Brownie- und Kuchenteig.*
Rezepte: Pikanter Kichererbsensalat (Seite 149), Grünes Sommergemüse mit Limette & Tahin (Seite 128) oder Karottenkuchen mit Orangen-topping (Seite 216).

Tamari

Japanische glutenfreie Sojasauce, in vielen Supermärkten und im Asialaden erhältlich. Ersatzweise kann normale, dunkle oder helle Sojasauce verwendet werden.

Teig (frischer Mürbe- und Blätterteig)

Viele Teige aus dem Kühlregal sind vegan, dennoch empfiehlt es sich, die Zutatenliste zu beachten.
Reste verwerten: *Blätterteigreste einfach mit Konfitüre oder Pesto bestreichen und backen.*

Thai-Currypaste

Erhältlich in Rot, Grün und Gelb. Viele Produkte sind vegan. Sie können Sardellen oder Fischsauce enthalten, darum das Etikett lesen.
Reste verwerten: *Für Thai-Currys, Suppen, Eintöpfe und Salatdressings.*

Thymian

Von getrocknetem Thymian halb so viel wie von frischem verwenden. Im Gewürzregal. Ihr könnt ihn auch gut im Topf auf der Fensterbank ziehen.
Reste verwerten: *Für Risotto mit Pilzen, Füllungen, herzhafte Pasteten, Aufläufe und Bohneneintopf.*
Rezepte: Pilzpastete mit Bier (Seite 95) oder Pilz-Nuss-Braten Wellington (Seite 79).

Tofu

Wird aus Sojabohnen hergestellt und ist eine proteinreiche Zutat für viele asiatische und vegane Gerichte. Hat wenig Eigengeschmack, nimmt aber Aromen gut an.

fester Tofu

Die gängigste Sorte. Wird oft mit Kalziumsulfat gefestigt, was ihn zu einer guten Kalziumquelle macht.
Reste verwerten: *Marinieren, dann für Wok-Gerichte verwenden, backen, an Eintöpfe geben, panieren und braten, für Dips pürieren, auf Gemüsespieße stecken und grillen.*
Rezepte: Sticky Tofu mit Sesam & Ingwer (Seite 106), Scrambled Tofu auf Toast (Seite 48) oder Gulasch mit Kartoffelpüree (Seite 112).

geräucherter Tofu

Hat einen kräftigen Rauchgeschmack, muss nicht unbedingt mariniert oder gewürzt werden. In Supermärkten, Bioläden und online erhältlich.

Reste verwerten: *Für Wok-Gerichte, mit Kokosmilch backen, in Scheiben als Brotbelag.*

Rezepte: Ramen (Seite 162), Gemüse mit Räuchertofu nach Satay-Art & Sambal (Seite 70) oder Gulasch mit Kartoffelpüree (Seite 112).

Seidentofu

Hat eine weichere Konsistenz und kann cremig püriert werden (etwa für Käsekuchen und Saucen). Abgepackt und oft lange haltbar, in der internationalen Abteilung des Supermarkts, im Bioladen oder im Asialaden erhältlich.

Reste verwerten: *Für cremige Saucen, mit Sojasauce und Sesamöl beträufeln und in eine Bento-Box geben, für Smoothies und Pfannkuchen.*

Tomaten

sonnengetrocknete Tomaten

In Schalen, vakuumverpackt oder eingelegt in Gläsern bei den Antipasti oder den Pastasaucen oder auch im Kühlregal. Wahlweise in Öl oder eben ohne. Falls »Milchsäure« in der Zutatenliste steht, kein Problem, sie wird nicht aus Milch hergestellt.

Reste verwerten: *Für Nudelsaucen und -aufläufe, Lasagne und Sauce bolognese, auf Pizza und in Salaten.*

Rezepte: Mediterrane One-Pot-Pasta (Seite 86) oder Gemüse-Wraps (Seite 130).

Paste aus sonnengetrockneten Tomaten

Eine intensiv-aromatische Paste, die im Supermarkt oft bei den Nudelsaucen steht. Nicht mit rotem Pesto verwechseln, das häufig nicht vegan ist.

Vanilleextrakt

In kleinen Flaschen bei den Backzutaten zu finden. Ersatzweise Vanillepaste, synthetisches Vanillearoma (Vanillin) oder das Mark einer Vanilleschote verwenden.

Reste verwerten: *Für Kuchen, Plätzchen und Desserts.*

Rezepte: Kaiserschmarrn (Seite 194), Heidelbeermuffins (Seite 206), Schokoladentorte (Seite 210), Kokos-Schoko-Töpfchen mit Rum & einem Hauch Chili (Seite 188) oder Sticky Toffee Pudding (Seite 185).

Wein

Nicht alle Produkte, die zur Klärung von Wein verwendet werden, sind vegan. Und nicht alle Unternehmen geben auf der Flasche an, ob der Wein vegan ist. Mit der Suchfunktion von Supermarkt-Apps lässt sich jedoch meist nach veganen Produkten filtern. Auch im Bioladen gibt es eine große Auswahl, oder ihr lasst euch im Weinfachgeschäft beraten.

Worcestersauce

Traditionell enthält sie Fisch, es gibt aber auch vegane Produkte, z. B. in Bioläden oder online.
Reste verwerten: *Für Saucen auf Tomatenbasis, Suppen oder Eintöpfe.*

Zimt

Gemahlen oder in Stangen im Gewürzregal des Supermarkts. Für die Rezepte in diesem Buch wird nur gemahlener Zimt verwendet. Ceylonzimt schmeckt etwas feiner als Kassiazimt.

Zitronengras(-paste)

Frisches Zitronengras wird manchmal in der Gemüseabteilung angeboten, im Asialaden fast immer. Die Paste gibt es in Gläsern, sie ist einfacher zu lagern und zu verwenden.
Reste verwerten: *Für thailändische Gerichte, z. B. Currys, Salate und Suppen.*
Rezepte: Thai Style Kürbissuppe (Seite 168), Grünes Thai-Curry (Seite 66) oder Kambodschanisches Samlá-Curry (Seite 84).

Zuckerrübensirup

Er besteht nur aus eingekochten Zuckerrüben und hat einen kräftigen, etwas herben Geschmack. Im Supermarkt bei süßen Brotaufstrichen.
Reste verwerten: *Für dunkle Backwaren wie Lebkuchen, Müsliriegel oder Gewürzplätzchen.*
Rezepte: Flapjacks (Seite 213), Irisches Haferbrot (Seite 174) oder Lebkuchen-Granola mit Erdbeeren (Seite 44).

1.

FRÜHSTÜCK

Diese Pfannkuchen nach US-amerikanischer Art kommen immer gut an und sind so schnell und einfach gemacht, dass ihr sie sogar werktags vor der Arbeit hinbekommt. Sie schmecken pur, aber ihr könnt sie auch mit Agavendicksaft und frischen Beeren servieren. Und wer das Frühstück mitnehmen will, rollt sie einfach auf.

SÜSS-WÜRZIGE APFEL-PANCAKES

FÜR 6 STÜCK

150 g Mehl
2 TL Backpulver
½ TL Salz
½ TL gemahlener Zimt
¼ TL gemahlene Muskatnuss
4 EL Apfelmus
2 EL Agavendicksaft
200 ml Pflanzendrink
etwas geschmacksneutrales Öl, z. B. Sonnenblumenöl

ZUM SERVIEREN

Blaubeeren, Erdbeeren oder Himbeeren (nach Wahl) und etwas Agavendicksaft

1. Mehl, Backpulver, Salz, Zimt und Muskatnuss in einer Schüssel gut vermischen.
2. In einer separaten Schüssel Apfelmus, Agavendicksaft und Pflanzendrink verrühren, dann zur Mehlmischung gießen und alles zu einem glatten Teig verrühren.
3. Etwas Öl in einer Pfanne erhitzen und jeweils eine gute halbe Kelle der Teigmischung darin bei mittlerer Hitze braten, bis sich die Blasen an der Oberfläche des Pfannkuchens nicht mehr schließen. Dann den Pfannkuchen umdrehen und braten, bis die Unterseite goldgelb ist.
4. Mit frischen Beeren und etwas Agavendicksaft servieren.

Dieses Knuspermüsli sieht so hübsch und appetitlich aus, dass ihr es ohne Weiteres auch als Dessert servieren könnt. Wer morgens wenig Zeit hat, kann das Müsli und das Kompott vorher zubereiten. Wenn die Zeit besonders knapp ist, könnt ihr es sogar aus gekauften Zutaten zusammenstellen. Wir sagen es bestimmt nicht weiter.

LEBKUCHEN-GRANOLA MIT ERDBEEREN

FÜR 4 PERSONEN

FÜR DAS LEBKUCHEN-GRANOLA
1 EL Sonnenblumenöl oder geschmolzenes Kokosöl
60 ml Ahornsirup
1 EL Melasse oder Zuckerrübensirup
½ TL Vanilleextrakt
150 g Haferflocken
125 g gemischte Nüsse, grob gehackt
1 TL gemahlener Ingwer
½ TL gemahlener Zimt

FÜR DAS KOMPOTT
250 g Erdbeeren, halbiert (frisch oder TK)
2 EL Zucker
Saft und abgeriebene Schale von ½ Orange (bio)
1 TL Speisestärke

ZUM SERVIEREN
300 g Kokosjoghurt
8 frische Erdbeeren, halbiert
einige frische Minzeblätter

1. Das Lebkuchen-Granola im Voraus zubereiten. Dafür den Backofen auf 160 °C Umluft vorheizen.
2. Die feuchten Zutaten in einer großen Schüssel vermischen, dann die trockenen Zutaten hinzugeben und gründlich vermengen.
3. Die Mischung auf einem Backblech verteilen und 20 Minuten backen, dabei nach der Hälfte der Backzeit alles bewegen, wenden oder umrühren. Das Blech aus dem Ofen nehmen. Das Granola wird erst beim Abkühlen knusprig.
4. Für das Kompott Erdbeeren, Zucker, Orangensaft und -schale in einem Topf zum Kochen bringen, dann bei schwacher Hitze 10 Minuten köcheln lassen.
5. Die Speisestärke in einer kleinen Schüssel mit 3 TL Wasser glatt rühren. Zum Erdbeerkompott gießen und aufkochen, um es zu binden. Das Kompott vom Herd nehmen und abkühlen lassen.
6. Müsli, Kokosjoghurt, Kompott und frische Erdbeeren in Gläser oder Schälchen schichten und mit Minze garnieren.

Super easy, aber köstlich! Ihr könnt dieses Rezept nach Belieben anpassen, damit es jeden Morgen etwas anders schmeckt, aber wir nehmen immer Erdnussmus dazu, weil es damit einfach besonders lecker wird. Die Haferflockenmischung wird am Vorabend vorbereitet, damit die Flocken quellen und weich werden können. Und wenn ihr spät dran seid, nehmt ihr das Glas einfach mit.

OVERNIGHT OATS MIT ERDNUSSMUS

FÜR 1 PERSON

150 ml Pflanzendrink
2 EL Erdnussmus
1 EL Ahornsirup (oder Agavendicksaft oder Golden Syrup)
50 g Haferflocken
1 EL getrocknete Cranberrys
1 TL Chiasamen
¼ TL gemahlener Zimt

1. Pflanzendrink, Erdnussmus und Sirup in der Mikrowelle oder ganz sanft in einem Topf erwärmen, bis das Erdnussmus weich wird und sich im Pflanzendrink auflösen lässt.
2. Die restlichen Zutaten in eine Schüssel oder ein Einmachglas geben und gut vermischen. Die Pflanzendrink-Erdnuss-Mischung zugeben und gut umrühren.
3. Mit einem Löffel nach unten drücken, um sicherzustellen, dass alle Haferflocken von der Flüssigkeit bedeckt sind.
4. Abdecken und über Nacht in den Kühlschrank stellen, damit die Haferflocken quellen.
5. Pur essen oder in der Mikrowelle kurz erwärmen und mit einer frischen, in Scheiben geschnittenen Banane, Heidelbeeren oder anderem Obst nach Belieben garnieren.

Wer noch keine gebackenen Haferflocken kennt, hat etwas verpasst. Für dieses Rezept sind die nährstoffreichen Flocken mit Agavendicksaft und Obst gesüßt und mit superleckeren karamellisierten Walnüssen verfeinert. Das ist vielleicht nicht das richtige Frühstück für Leute, die immer in allerletzter Minute aufstehen, aber wenn ihr es auf Vorrat zubereitet, sollte es für die ganze Woche reichen.

BAKED OATS MIT BEEREN & WALNÜSSEN

FÜR 4–6 PERSONEN

175 g Haferflocken
2 TL gemahlener Zimt
¼ TL gemahlene Muskatnuss
1 TL Backpulver
½ TL Salz
325 ml Pflanzendrink
70 ml Agavendicksaft oder Ahornsirup
4 EL Erdnussmus
1 TL Vanilleextrakt
2 EL Kokosöl, geschmolzen
250 g Kirschen oder Beeren nach Wahl (frisch oder TK)
50 g Walnusskerne
20 g brauner Zucker
½ EL vegane Butter
Kokosjoghurt zum Servieren

1. Den Backofen auf 190 °C Umluft vorheizen.
2. In einer großen Schüssel Haferflocken, Zimt, Muskatnuss, Backpulver und Salz mischen.
3. In einer zweiten Schüssel Pflanzendrink, Sirup, Erdnussmus, Vanilleextrakt und das geschmolzene Kokosöl verrühren.
4. Die Hälfte der Früchte auf den Boden einer ofenfesten Form (ca. 20 × 20 cm) geben, mit der Haferflockenmischung bedecken und dann die flüssigen Zutaten darübergießen, sodass alle Haferflocken bedeckt sind.
5. Die restlichen Früchte darauf verteilen. 40 Minuten backen, bis die Oberfläche goldgelb ist.
6. In der Zwischenzeit eine Pfanne auf mittlerer Stufe erhitzen. Walnüsse, Zucker und vegane Butter hineingeben und 2–3 Minuten unter Rühren braten, bis der Zucker geschmolzen ist und die Walnüsse karamellisiert sind. Beiseitestellen.
7. 7–8 Minuten vor Ende der Garzeit der Haferflocken die Walnüsse darauf verteilen und weiter backen.
8. Warm oder abgekühlt mit etwas Kokosjoghurt servieren.

Dies ist ein Frühstück, das mindestens bis zur Mittagspause satt hält. Es enthält viel Eiweiß, ist eine gute Quelle für Ballaststoffe und hat einen kräftigen, herzhaften Geschmack. So fängt der Tag gut an!

SCRAMBLED TOFU AUF TOAST

FÜR 2 PERSONEN

300 g Räuchertofu (oder Natur-Tofu)
2 EL Sonnenblumenöl
1 rote Zwiebel, abgezogen und fein gehackt
2 TL Rauchpaprikapulver
1 TL gemahlener Kreuzkümmel
½ TL gemahlene Kurkuma
75 g Pilze, geputzt und in dünne Scheiben geschnitten
8 Kirschtomaten, halbiert
3 Knoblauchzehen, abgezogen und gepresst
½ TL körniger Senf
1–2 grüne Chilis, entkernt und in dünne Ringe geschnitten (nach Belieben)
1 TL Salz

ZUM SERVIEREN

4 Scheiben Vollkornbrot
vegane Butter
3 Frühlingszwiebeln, in dünne Ringe geschnitten

1. Den Tofu in ein sauberes Geschirrtuch wickeln und mit einer schweren Konservendose beschweren, um überschüssige Flüssigkeit herauszupressen.
2. Das Öl in einer beschichteten Pfanne erhitzen. Die Zwiebel darin bei mittlerer Hitze weich dünsten. Rauchpaprikapulver, Kreuzkümmel und Kurkuma einrühren und 1 Minute mitbraten.
3. Pilze, Tomaten, Knoblauch, Senf, Chilis, falls verwendet, und Salz einrühren. Weitere 3–4 Minuten braten, bis die Pilze weich sind.
4. Zum Schluss den Tofu über der Pfanne zerbröseln. Umrühren, damit er sich gut mit den anderen Zutaten vermischt. Weitere 4–5 Minuten braten, bis er durchgewärmt ist.
5. In der Zwischenzeit das Brot toasten und mit veganer Butter bestreichen.
6. Den Tofu auf dem Toast servieren und mit den Frühlingszwiebeln garnieren.

Tipp: Für den typischen Ei-Geschmack könnt ihr zusätzlich zu den anderen Gewürzen noch ¼ TL Kala Namak (schwarzes Salz) hinzufügen.

Ein Hinweis zu Chilis: Die in Supermärkten erhältlichen Chilis sind oft relativ mild. Wer gern schärfer isst, nimmt Vogelaugen-Chilis, und wer es richtig feurig mag, lässt die Kerne drin. Natürlich könnt ihr auch weniger Chilis oder eine milde Sorte verwenden.

Wenn euch weder Müsli noch Brot begeistern, solltet ihr mal dieses Frühstück ausprobieren: Es ist in zehn Minuten zubereitet und gibt euch mit cremiger Avocado, süßem Mais, feurigem Chili und fruchtigen Limetten ordentlich Power für den anstehenden Tag.

GEBACKENE AVOCADOS MIT SCHARFER MAIS-SALSA

FÜR 2 PERSONEN

100 g Maiskörner (Dose oder TK)
2 Frühlingszwiebeln, fein gehackt
50 g Kirschtomaten, geviertelt
1 EL frisch gehackter Koriander
Saft und abgeriebene Schale von ½ Limette (bio)
1–2 EL scharfe Chilisauce
2 gerade reife Avocados, halbiert und entsteint

1. Den Backofen auf 180 °C Umluft vorheizen.
2. Alle Zutaten bis auf die Avocados in einer Schüssel verrühren.
3. Die Avocados mit der Schnittfläche nach oben auf ein Backblech legen und mit der Salsa-Mischung füllen. 10 Minuten backen.
4. Aus dem Ofen nehmen und servieren.

Dieses Rezept lässt sich prima abwandeln. Anstelle von Dill und Petersilie könnt ihr beispielsweise auch Schnittlauch, Majoran, Estragon oder Thymian verwenden. Ebenso könnt ihr eine andere Senfsorte wählen oder ihn ganz weglassen. Wer ein rauchiges Aroma mag, nimmt die doppelte Menge Rauchpaprika, und als Topping eignen sich Chili- oder Hefeflocken. In jedem Fall werden die Pilze die Aromen wunderbar aufsaugen. Der Tag kann beginnen.

SAHNIGE KRÄUTERPILZE AUF TOAST

FÜR 2 PERSONEN

1 EL Olivenöl
1 Zwiebel, abgezogen und fein gewürfelt
400 g Champignons, geputzt und in Scheiben geschnitten
2 Knoblauchzehen, abgezogen und gepresst
½ TL Salz
1 TL Paprikapulver
½ TL Rauchpaprikapulver
100 ml Soja- oder Hafercreme
1 TL körniger Senf
10 g frische Petersilie, fein gehackt
5 g frischer Dill, fein gehackt
Salz und Pfeffer

ZUM SERVIEREN

4 Scheiben Sauerteigbrot (oder Brot nach Wahl)
vegane Butter (nach Belieben)

1. Das Öl in einer beschichteten Pfanne erhitzen und die Zwiebel darin bei mittlerer Hitze 8–10 Minuten weich dünsten.
2. Pilze, Knoblauch, Salz, Paprika- und Rauchpaprikapulver hinzufügen und weitere 5 Minuten unter Rühren braten.
3. Sobald die Pilze weich sind, die Pfanne vom Herd nehmen und die Soja- oder Hafercreme, den Senf und den Großteil der gehackten Kräuter unterrühren. Mit Salz und Pfeffer abschmecken.
4. Das Brot toasten und nach Belieben mit veganer Butter bestreichen. Die Pilze auf dem Toast verteilen, mit den restlichen Kräutern bestreuen und servieren.

Tipp: Wie oben beschrieben, schmecken die Kräuterpilze auch mit anderen Kräutern. Aber Achtung, falls ihr Estragon verwendet: Er hat ein sehr eigenes, starkes Aroma, daher sparsam und vorsichtig dosieren.

Traditionell ist *Kedgeree* ein Fischgericht, das in England ziemlich beliebt ist. Wir haben es vegan abgewandelt und mit Zitronenschale und cremigem Kokosjoghurt aufgepeppt. Es schmeckt zu jeder Tages- und Nachtzeit großartig.

KEDGEREE MIT KRÄUTERJOGHURT

FÜR 4 PERSONEN

2 EL Sonnenblumenöl
1 Zwiebel, abgezogen und fein gehackt
1–3 grüne Chilis, entkernt und fein gehackt (siehe Tipp auf Seite 48)
1 EL Currypulver
½ TL gemahlene Kurkuma
1 Stück Ingwer (3 cm), geschält und gerieben
300 g Basmatireis
600 ml Gemüsebrühe
1 Lorbeerblatt
225 g Räuchertofu, abgetropft und zerbröselt
1 Handvoll frische Petersilie, gehackt
abgeriebene Schale von 1 Zitrone (bio)

ZUM SERVIEREN

geröstete Mandelblättchen
1 Handvoll frischer Koriander, fein gehackt
150 g Kokosjoghurt

1. Das Öl in einer großen Pfanne erhitzen und die Zwiebel darin 7–8 Minuten weich dünsten.
2. Chilis, Currypulver, Kurkuma und Ingwer hinzugeben und gut verrühren. 2–3 Minuten mitgaren, dabei ab und zu umrühren.
3. Den Reis einrühren, bis er rundum von den Gewürzen bedeckt ist. Die Brühe mit dem Lorbeerblatt dazugeben und aufkochen. Die Pfanne abdecken, die Hitze reduzieren und alles 10 Minuten köcheln lassen.
4. Vom Herd nehmen und weitere 10 Minuten quellen lassen.
5. Den zerbröselten Tofu, Petersilie und Zitronenschale unter den Reis heben. Mit Mandelblättchen garnieren.
6. Den Koriander in einer Schüssel mit dem Joghurt verrühren und zum *Kedgeree* reichen.

Ein Hinweis zu Koriander: Nicht alle Menschen mögen Koriander. Schuld daran könnte ein Gen sein, das dafür sorgt, dass er für manche Menschen nach Seife schmeckt. Wenn ihr für Freund*innen oder Familie kocht, fragt am besten vorher, wer keinen Koriander mag – oder serviert ihn einfach separat.

Dieses geschichtete Frühstück mit Bananeneis, frischem Obst und einem Erdnuss-Knuspermüsli ist ganz schön opulent. Das Müsli hält sich, luftdicht verschlossen, 2–3 Wochen, und das Bananeneis kann wieder eingefroren werden. Wer also die Komponenten rechtzeitig vorbereitet, hat morgens keinen Stress. Natürlich könnt ihr auch gekauftes Müsli verwenden oder einen guten Klecks Kokosjoghurt nehmen. So viele Optionen!

ERDNUSS-KNUSPERBECHER

FÜR 4 PERSONEN

FÜR DAS MÜSLI

65 g Haferflocken
55 g gemischte Nüsse, grob gehackt
½ TL gemahlener Zimt
¼ TL Salz
85 g Erdnussmus
2 EL Melasse oder dunkler Rübensirup
2 EL Agavendicksaft
1½ EL Kokos- oder Pflanzenöl
1 TL Vanilleextrakt

FÜR DAS BANANENEIS

2 Bananen, geschält, in Stücke geschnitten und über Nacht eingefroren
150 g Heidelbeeren
¼ TL Vanilleextrakt
etwas Mandel- oder Kokosdrink

ZUM SERVIEREN (NACH BELIEBEN)

geröstete, gehackte Haselnusskerne und etwas Agavendicksaft

1. Zuerst das Müsli zubereiten. Den Backofen auf 160 °C Umluft vorheizen.
2. Haferflocken, Nüsse, Zimt und Salz in einer Schüssel vermischen.
3. Erdnussmus, Melasse, Agavendicksaft, Kokosöl und Vanilleextrakt in einem kleinen Topf verrühren. Erwärmen, bis die Zutaten weich werden und sich gut verrühren lassen.
4. Die Erdnussmusmischung zur Hafermischung geben und gründlich vermengen.
5. Ein Backblech mit Backpapier auslegen und die Mischung darauf verteilen. 18–20 Minuten backen, dabei nach der Hälfte der Zeit umrühren oder wenden.
6. Aus dem Ofen nehmen und beiseitestellen. Die Mischung wird erst beim Abkühlen knusprig.
7. Die gefrorenen Bananen mit 50 g Heidelbeeren und dem Vanilleextrakt im Hochleistungsmixer glatt pürieren. Gerade so viel Pflanzendrink hinzufügen, dass eine feine Creme entsteht.
8. Mit den restlichen Heidelbeeren und den Haselnüssen garnieren und nach Geschmack mit etwas Agavendicksaft beträufeln.

Wir haben dieses Rezept ins Frühstückskapitel genommen, weil es ein schöner herzhafter Start in den Tag ist. Aber der Burrito schmeckt ebenso gut zum Brunch, als leichtes Mittagessen oder als Snack. Würzige Kichererbsen, frischer Salat und angenehme Schärfe kommen zu jeder Mahlzeit gut an. Die Füllung könnt ihr vorbereiten und im Kühlschrank aufbewahren, damit die Burritos im Nullkommanichts zubereitet sind.

FRÜHSTÜCKS-BURRITO MIT SRIRACHA-MAYO

FÜR 2 STÜCK

FÜR DIE GEWÜRZTEN KICHERERBSEN

etwas Olivenöl
1 kleine rote Zwiebel, abgezogen und fein gewürfelt
2 Knoblauchzehen, abgezogen und gepresst
1 TL gemahlener Kreuzkümmel
1 TL Paprikapulver
½ TL getrockneter Oregano
½ TL Salz
1 Dose (400 g) Kichererbsen, abgespült und abgetropft

FÜR DIE SRIRACHA-MAYO

35 g vegane Mayonnaise
1 EL Sriracha-Sauce (nach Geschmack auch weniger)
1 Spritzer Limettensaft
1 Schuss Sojasauce

ZUM SERVIEREN

2 große Vollkorn-Wraps
1 reife Avocado, geschält, entsteint und in Scheiben geschnitten
1 Handvoll Rucola, geputzt

1. Für die gewürzten Kichererbsen das Öl in einer Pfanne erhitzen und die Zwiebel darin weich dünsten. Den Knoblauch hinzufügen und 1 Minute unter Rühren mitgaren.
2. Kreuzkümmel, Paprikapulver, Oregano und Salz hinzufügen und gut umrühren. Die Kichererbsen unterrühren und weitere 2–3 Minuten kochen, dabei die Kichererbsen mit dem Löffelrücken grob zerdrücken. Vom Herd nehmen.
3. Die Zutaten für die Sriracha-Mayo in einer kleinen Schüssel verrühren und unter die Kichererbsen heben.
4. Die Wraps 30 Sekunden in der Mikrowelle oder in einer Pfanne ohne Fett erwärmen.
5. Kichererbsenmischung, Avocado und Rucola auf die Wraps verteilen und diese wie ein Burrito-Profi falten und rollen.

2.

HAUPT-
GERICHTE

Zugegeben, wir haben uns gegenüber der traditionellen Version einige Freiheiten genommen: Kokos-Bacon anstelle von Speck, Cashews statt Eier und veganer Parmesan anstelle der Kuhmilch-Version. Außerdem haben wir das Gericht mit leuchtend grünen Erbsen aufgepeppt. Multitasker*innen können die drei Komponenten – Bacon, Sauce und Nudeln – zeitgleich zubereiten, aber ihr könnt auch in Ruhe alles nacheinander kochen und zum Schluss kombinieren.

CREMIGE CARBONARA MIT KOKOS-BACON

FÜR 4 PERSONEN

FÜR DEN KOKOS-BACON
50 g Kokosspäne in relativ gleichmäßiger Größe
½ EL Sonnenblumenöl
1 EL Sojasauce
½ TL Rauchpaprikapulver
½ TL Flüssigrauch
Salz und Pfeffer

FÜR DIE CARBONARA
3 Schalotten, abgezogen und fein gehackt
2 EL Olivenöl
3 Knoblauchzehen, abgezogen und in feine Scheiben geschnitten
150 g Erbsen (TK)
125 g Cashewkerne
150 ml ungesüßter Pflanzendrink
3 EL Hefeflocken
Salz und Pfeffer

FÜR DIE PASTA
350 g Spaghetti
veganer Parmesan zum Servieren (nach Belieben)

1. Den Backofen auf 160 °C Umluft vorheizen.
2. Alle Zutaten für den Bacon in einer Schüssel vermengen und darauf achten, dass die Kokosspäne gut umhüllt sind. Auf einem mit Backpapier ausgelegten Backblech verteilen und 12 Minuten backen, dabei nach der Hälfte der Zeit umrühren oder wenden. Aus dem Ofen nehmen und beiseitestellen.
3. Während der Bacon im Ofen ist, Salzwasser aufkochen und die Spaghetti gemäß Packungsanweisung bissfest garen.
4. Für die Carbonara die Schalotten in einer großen Pfanne bei mittlerer Hitze in dem Olivenöl etwa 5 Minuten weich dünsten. Den Knoblauch hinzufügen und 2 Minuten mitgaren, dann die Erbsen hinzufügen und noch 1–2 Minuten garen, dabei ab und zu umrühren. Vom Herd nehmen und beiseitestellen.
5. Die Cashewkerne mit dem Pflanzendrink im Hochleistungsmixer pürieren, bis eine cremig-sämige Masse entsteht. Die Hefeflocken einrühren. Diese Mischung zu den Schalotten und Erbsen geben und umrühren. Bei Bedarf noch etwas Wasser hinzufügen. Mit Salz und Pfeffer abschmecken.
6. Die Spaghetti abgießen und in der Erbsenmischung wenden. Auf Teller verteilen und mit Kokos-Bacon und veganem Parmesan bestreuen.

Zwei Tipps zur Vereinfachung: Statt Kokos-Bacon selbst zuzubereiten, könnt ihr auch veganen Bacon kaufen. Und statt Cashews und Pflanzendrink zu pürieren, könnt ihr auch 175 ml pflanzliche Sahne verwenden.

Wir wollten unbedingt einen köstlichen Burger präsentieren, konnten uns aber nicht zwischen Erdnüssen und Bohnen als Basis entscheiden. Also haben wir kurzerhand den BeaNut-Burger erfunden. Wir haben Erdnussmus mit Stückchen und schwarze Bohnen verwendet, aber jedes andere Nussmus und jede andere Bohnensorte eignen sich ebenso gut. Auch die Gewürze könnt ihr nach Belieben anpassen. So oder so sorgt dieses Rezept für vollen Burger-Genuss.

BEANUT-BURGER

FÜR 4 PERSONEN

3 EL Sonnenblumenöl
1 Zwiebel, abgezogen und fein gewürfelt
1 Knoblauchzehe, abgezogen und gepresst
½ TL gemahlener Kreuzkümmel
½ TL Cayennepfeffer
2 EL Erdnussmus mit Stückchen
1 Karotte, geschält und gerieben
1 Dose (400 g) schwarze Bohnen, abgetropft, abgespült und mit einer Gabel grob zerdrückt
4 Buns oder Brötchen nach Wahl
4 kleine Scheiben veganer Käse
Salz und Pfeffer

1. Die Hälfte des Öls in einer Pfanne erhitzen, dann die Zwiebel hinzufügen und bei mittlerer Hitze 7–8 Minuten weich dünsten.
2. Knoblauch, Kreuzkümmel und Cayennepfeffer hinzufügen und 2–3 Minuten mitbraten.
3. Das Erdnussmus einrühren und erwärmen, bis es weich wird.
4. Geriebene Karotte und zerdrückte schwarze Bohnen einrühren und alles gut vermengen.
5. Vom Herd nehmen und mit Salz und Pfeffer abschmecken. Wenn die Masse so weit abgekühlt ist, dass man sie anfassen kann, diese zu vier Pattys formen und fest zusammenpressen. Die Hände mit etwas Mehl bestäuben, falls die Masse klebt.
6. Die Pattys im restlichen Öl etwa 5 Minuten braten, dann wenden und die andere Seite 2–3 Minuten braten.
7. Die Burgerpattys in Brötchen legen und je eine Scheibe Käse darauflegen. Nach Geschmack mit weiteren Zutaten belegen, z. B. Gurkenscheiben, Mayo, Senf, Ketchup, Blattsalat und Tomatenscheiben.

Dieses Gericht ist dem britischen Shepherd's Pie nachempfunden, schmeckt aber noch viel besser und hat außerdem einen cooleren Namen. Die Adzuki-Bohnen liefern Ballaststoffe und Proteine, und das cremige Kartoffelpüree sorgt für den »Hmm«-Faktor. Mit grünem Gemüse ist dies ein ausgewogenes Familiengericht.

RED DRAGON PIE

FÜR 4–6 PERSONEN

- 1,25 kg Kartoffeln, geschält und grob gewürfelt
- 2 EL vegane Butter
- 1 Lauchstange, geputzt und in Ringe geschnitten
- 2 EL Olivenöl
- 2 Knoblauchzehen, abgezogen und gepresst
- 150 g Champignons, in Scheiben geschnitten
- 1 rote Paprikaschote, entkernt und gehackt
- 2 große Karotten, geschält und fein gewürfelt
- 3 Dosen (à 400 g) Adzuki-Bohnen, abgespült und abgetropft
- 1 TL getrockneter Thymian
- 1 Handvoll frische Petersilie, gehackt
- 100 ml Rotwein (nach Belieben)
- 375 ml Gemüsebrühe
- 2 EL Tomatenmark
- 1 gehäufter EL Speisestärke
- Salz und Pfeffer
- 50 g veganer Käse, gerieben (eine Sorte, die gut zerläuft, siehe Tipp)

1. Den Backofen auf 180 °C Umluft vorheizen.
2. Salzwasser in einem Topf zum Kochen bringen. Die Kartoffeln darin weich kochen, abgießen und durch die Kartoffelpresse drücken. Die vegane Butter einarbeiten und mit schwarzem Pfeffer würzen. Beiseitestellen.
3. In der Zwischenzeit in einer großen Pfanne den Lauch in dem Olivenöl weich dünsten. Knoblauch und Pilze hinzufügen und weitere 2 Minuten braten, dabei stets rühren, damit der Knoblauch nicht anbrennt.
4. Paprika, Karotten, Bohnen und Kräuter hinzufügen. Gut umrühren und mit Salz und Pfeffer kräftig abschmecken.
5. Den Wein, falls verwendet, und die Brühe zugießen. Zugedeckt aufkochen, dann den Deckel abnehmen und 6–8 Minuten köcheln lassen, bis die Karotten bissfest sind. Das Tomatenmark unterrühren.
6. Die Speisestärke in einer kleinen Schüssel mit 2 EL kaltem Wasser glatt rühren und in die kochende Flüssigkeit rühren, um sie zu einer Sauce zu binden.
7. Den Topf vom Herd nehmen und die Bohnenmischung in eine ofenfeste Form füllen. Das Kartoffelpüree darauf verstreichen und mit dem veganen Käse bestreuen. 25–30 Minuten backen, bis die Oberseite anfängt zu bräunen.
8. Aus dem Ofen nehmen und servieren.

Tipp: Nicht jeder vegane Käse schmilzt im Ofen, aber unter dem Grill scheint er gut zu gelingen. Ihr könnt das Gericht zunächst ohne Käse backen, dann erst aufstreuen und 2–3 Minuten unter dem Backofengrill überbacken.

Die Zutatenliste ist beeindruckend lang, aber es lohnt sich wirklich, die Currypaste selbst zu machen. Keine Sorge, es ist nicht kompliziert! Die Zutaten kommen einfach alle in den Mixer. Wenn die Zeit knapp ist, tut's natürlich auch eine gekaufte grüne Currypaste, die keinen Fisch und keine Austernsauce enthält. Dazu passt eine schöne, dampfende Schüssel mit Reis oder Reisbandnudeln.

GRÜNES THAI-CURRY

FÜR 4 PERSONEN

FÜR DIE GRÜNE CURRYPASTE

- 6 Schalotten, abgezogen und grob gehackt
- 4 Knoblauchzehen, abgezogen
- 2–4 grüne sehr dünne Chilis, grob gehackt (nach Geschmack, siehe Tipp auf Seite 48)
- 1 Stück Ingwer (6 cm), geschält und gerieben
- 2 Stängel Zitronengras, äußere Blätter entfernt, fein gehackt
- 1 TL gemahlener Kreuzkümmel
- 2 EL dunkle Sojasauce
- 1 Handvoll frischer Koriander

FÜR DAS CURRY

- 125 g grüne Bohnen
- 125 g Spargel
- 2 EL Sonnenblumenöl
- 400 g fester Tofu, abgetropft, in 1 cm dicke Würfel geschnitten
- 125 g Babymaiskolben, längs halbiert
- 125 g Pak Choi, Blätter voneinander gelöst
- 400 ml Kokosmilch
- 2 EL Sojasauce
- 1 EL Speisestärke, mit etwas Wasser glatt gerührt
- Salz und Pfeffer

ZUM SERVIEREN

- Saft von 1 Limette
- 2 Frühlingszwiebeln, in Ringe geschnitten
- frischer Koriander

1. Schalotten, Knoblauch, Chilis und Ingwer in einem Mixer grob zerkleinern. Zitronengras, Kreuzkümmel, Sojasauce und Koriander hinzugeben und möglichst glatt pürieren.
2. Für das Curry grüne Bohnen und Spargel 1 Minute in kochendem Wasser blanchieren, dann abgießen und unter kaltem Wasser abschrecken.
3. Das Öl in einem Wok stark erhitzen und die grüne Paste hinzufügen. 4–5 Minuten unter Rühren erhitzen, bis sie duftet.
4. Den Tofu hinzugeben und in der Paste wenden. Weitere 5 Minuten garen, dabei gelegentlich umrühren.
5. Bohnen, Spargel, Babymais und Pak Choi hinzugeben, dann die Kokosmilch und die Sojasauce zugießen. Abgedeckt zum Kochen bringen, dann bei schwacher Hitze 4–5 Minuten köcheln lassen.
6. Die angerührte Speisestärke zugeben und 1 Minute unter ständigem Rühren aufkochen, um die Sauce zu binden. Vom Herd nehmen. Mit Salz und Pfeffer abschmecken.
7. Mit Limettensaft beträufeln, mit Frühlingszwiebeln und frischem Koriander bestreuen und servieren.

Ein Hinweis zu Sojasauce: Wenn ihr eine Glutenunverträglichkeit habt, könnt ihr Tamari Sojasauce verwenden, da sie keinen Weizen enthält.

Die Entdeckung der koreanischen Chilisauce Gochujang war für uns eine Offenbarung. Das ist nicht übertrieben! Hier ist unser Rezept dafür. Kombiniert mit gebratenem Blumenkohl und kühler Minz-Mayonnaise ergibt sich ein umwerfend leckeres Gericht, das außerdem noch ganz einfach zuzubereiten ist. Wir könnten es jeden Tag essen. ***Foto auf der nächsten Seite***

GEBACKENER BLUMENKOHL MIT KRÄUTER-QUINOA & MINZ-MAYO

FÜR 4 PERSONEN

FÜR DIE GOCHUJANG
1–2 TL getrocknete Chiliflocken (nach Geschmack)
1 TL Paprikapulver
1 TL Rauchpaprikapulver
2 EL braune oder rote Misopaste
2 EL Agavendicksaft
2 EL Tamari oder dunkle Sojasauce
2 EL geröstetes Sesamöl
1 kleine Knoblauchzehe, abgezogen und fein gerieben

FÜR DEN BLUMENKOHL
1 großer Blumenkohl, in 3 cm dicke Scheiben geschnitten

FÜR DIE KRÄUTERQUINOA
200 g Quinoa
1 Würfel (oder 1 TL) Gemüsebrühe
2 Schalotten, abgezogen und fein gehackt
50 g Pinienkerne
1 EL frisch gehackte Petersilie
1 EL frisch gehackte Minze
1 EL frisch gehackter Dill
abgeriebene Schale von 1 Zitrone (bio)
Saft von ½ Zitrone

FÜR DIE MINZ-MAYO
50 g vegane Mayonnaise
¼ Salatgurke, gerieben
4–5 frische Minzeblätter, fein gehackt
Salz und Pfeffer

1. Den Backofen auf 220 °C Umluft vorheizen.
2. Alle Zutaten für die Gochujang in einer Schüssel verrühren. Beiseitestellen.
3. Die Blumenkohlscheiben auf ein Backblech legen. Die Hälfte der Gochujang auf einer Seite verstreichen, dann die Scheiben umdrehen und die andere Seite mit dem Rest bestreichen. Das Blech mit Alufolie abdecken und den Blumenkohl 5 Minuten backen. Die Folie entfernen und den Blumenkohl weitere 15–18 Minuten backen, dabei nach der Hälfte der Zeit wenden.
4. In der Zwischenzeit die Quinoa gemäß Packungsanweisung garen, dabei den Brühwürfel zum Kochwasser geben. Wenn die Quinoa gar ist, die übrigen Zutaten hinzufügen und beiseitestellen.
5. Für die Minz-Mayo alle Zutaten in einer Schüssel verrühren.
6. Die Blumenkohlscheiben auf der Quinoa anrichten und mit der Minz-Mayo beträufeln.

Bei diesem indonesisch inspirierten Gericht bilden geröstete Kartoffeln und Tofu die herzhafte, sättigende Basis, grüne Bohnen sorgen für den knackigen Biss. Dazu gibt es eine leckere, pikante Erdnusssauce und ein würziges Chutney. Wer könnte da widerstehen?

GEMÜSE MIT RÄUCHERTOFU NACH SATAY-ART & SAMBAL

FÜR 2 PERSONEN

FÜR DAS SAMBAL

5 Schalotten, abgezogen und grob gehackt
1 Knoblauchzehe, abgezogen
1 TL Zitronengraspaste
2 rote Chilis (entkernt, wenn es milder sein soll)
Sonnenblumenöl
1 Prise gemahlene Kurkuma
1 TL Zucker
1 Prise Salz
1 Spritzer Limettensaft

FÜR DEN TOFU

225–250 g Räuchertofu, in 2 cm dicke Würfel geschnitten
350 g kleine neue Kartoffeln, abgebürstet und längs halbiert
2 EL Olivenöl
150 g grüne Bohnen, geputzt
200 g Sojabohnensprossen, abgespült
Salz und Pfeffer

FÜR DIE SATAY-SAUCE

65 g Erdnussmus
1 Knoblauchzehe, abgezogen und gepresst
1 roter Chili, fein gehackt (entkernt, wenn es milder sein soll)
175 ml Kokosmilch
1 TL brauner Zucker
1 EL Sojasauce
1 TL frisch geriebener Ingwer
1 Spritzer Limettensaft

1. Für das Sambal Schalotten, Knoblauch, Zitronengraspaste und Chilis in einem Mixer grob zerkleinern. Bei Bedarf etwas Öl zugeben, die Paste darf aber nicht zu flüssig werden.
2. 1 EL Sonnenblumenöl in einer Pfanne erhitzen. Das Schalottenpüree und Kurkuma darin bei mittlerer Hitze 15 Minuten dünsten. Gelegentlich umrühren, damit die Mischung nicht anbrennt.
3. Zucker und Salz hinzugeben und weitere 5 Minuten kochen. Das Sambal vom Herd nehmen und den Limettensaft einrühren. Beiseitestellen.
4. In der Zwischenzeit den Backofen auf 200 °C Umluft vorheizen.
5. Tofu und Kartoffeln auf ein Backblech geben und mit dem Olivenöl beträufeln. Salzen und pfeffern und 20–25 Minuten im Backofen garen.
6. Grüne Bohnen und Bohnensprossen zugeben und alles gut vermengen. Eventuell etwas mehr Öl hinzufügen, bis alles fettig glänzt, damit die Kartoffeln nicht anhaften. Das Blech für weitere 12–15 Minuten in den Backofen schieben.
7. Inzwischen für die Satay-Sauce alle Zutaten bis auf den Limettensaft in einen kleinen Topf geben und bei geringer Hitze unter Rühren erwärmen, bis die Sauce glatt und homogen ist.
8. Vom Herd nehmen und den Limettensaft unterrühren.
9. Den gebratenen Tofu und das Gemüse mit der Erdnusssauce und dem scharfen Sambal servieren.

Ein Hinweis zu Chilis: Die in Supermärkten erhältlichen Chilis sind oft relativ mild. Wer gern schärfer isst, nimmt Vogelaugen-Chilis, und wer es richtig feurig mag, lässt die Kerne drin. Natürlich könnt ihr auch weniger Chilis oder eine milde Sorte verwenden.

Zugegeben, dieses Rezept ist etwas aufwendig, aber ihr könnt alle drei Komponenten parallel zubereiten. Das dauert etwa 45 Minuten. Danach backt die Lasagne 40 Minuten ganz allein im Ofen. Unter der Woche könnte das trotzdem knapp werden, aber fürs Wochenende ist es ein Highlight. Wer möchte, kann etwas veganen Käse in die Béchamelsauce geben, obwohl er im traditionellen Rezept eigentlich nicht vorgesehen ist. Schmeckt halt noch besser!

AUBERGINEN-PAPRIKA-LASAGNE

FÜR 4 PERSONEN

FÜR DAS GEMÜSE

2 Auberginen, längs in 1 cm dicke Scheiben geschnitten
1 rote Paprikaschote, entkernt und gewürfelt
3 große Knoblauchzehen, nicht abgezogen
Olivenöl
Salz und Pfeffer
250 g Lasagneplatten

FÜR DIE TOMATENSAUCE

1 rote Zwiebel, abgezogen und in Ringe geschnitten
250 g braune Linsen oder Puy-Linsen
2 Dosen (à 400 g) gehackte Tomaten
2 EL Paste aus sonnengetrockneten Tomaten oder Tomatenmark
150 ml Gemüsebrühe
50–100 ml Rotwein (nach Belieben)
1 TL getrockneter Thymian oder 2 TL frische Blättchen
schwarzer Pfeffer

FÜR DIE BÉCHAMELSAUCE

50 g vegane Butter
50 g Mehl
550 ml Pflanzendrink
1 Lorbeerblatt

1. Den Backofen auf 200 °C Umluft vorheizen.
2. Auberginen, Paprika und Knoblauchzehen nebeneinander auf einem Backblech verteilen, mit Olivenöl beträufeln, salzen und pfeffern. 20 Minuten im Ofen garen, dann das Gemüse wenden und weitere 20 Minuten backen. Aus dem Ofen nehmen.
3. Für die Tomatensauce die Zwiebel in einer großen Pfanne mit etwas Olivenöl 7–8 Minuten weich dünsten. Linsen, Dosentomaten, Tomatenpaste, Brühe, Rotwein (falls verwendet) und Thymian hinzufügen. Etwa 20 Minuten köcheln lassen, dabei ab und zu umrühren, damit nichts anbrennt. Wenn die Flüssigkeit deutlich reduziert ist, die Pfanne vom Herd nehmen. Die Sauce mit schwarzem Pfeffer würzen und beiseitestellen.
4. Wenn das Ofengemüse gar ist, die Knoblauchzehen aus der Schale (Vorsicht, heiß!) in die Tomatensauce drücken und einrühren, dabei mit dem Löffelrücken zerdrücken. Das geröstete Gemüse unterrühren. Es macht nichts, wenn die Auberginen dabei zerfallen. Die Pfanne beiseitestellen.
5. Für die Béchamelsauce die vegane Butter in einem Topf schmelzen und das Mehl unter ständigem Rühren dazugeben. 1–2 Minuten anschwitzen, dann vom Herd nehmen.
6. Den Pflanzendrink langsam unter ständigem Rühren zugeben. Das Lorbeerblatt hinzufügen und die Sauce unter ständigem Rühren wieder erhitzen, bis sie köchelt und eindickt. Vom Herd nehmen, das Lorbeerblatt entfernen und die Sauce mit Salz und Pfeffer abschmecken.
7. Ein Drittel der Tomatensauce auf dem Boden einer Auflaufform verteilen. Mit Lasagneplatten bedecken, dabei Lücken mit Bruchstücken ausfüllen. Ein Drittel der Béchamelsauce darauf verteilen. Zwei weitere Schichten ebenso einfüllen, mit einer Schicht Béchamelsauce enden.
8. Die Lasagne 35–40 Minuten backen, bis die Oberfläche goldbraun ist und die Sauce blubbert. Aus dem Ofen nehmen und vor dem Servieren 5 Minuten abkühlen lassen.

Mac & Cheese ist ein Klassiker unter den Familiengerichten, der Nachwuchs könnte sie wahrscheinlich jeden Tag essen. Aber unsere Version mit der wunderbar cremigen Sauce und den kräftigen mediterranen Aromen spricht garantiert alle Altersgruppen an. Dazu schmeckt ein grüner Salat oder frisches Gemüse der Saison.

RAUCHIGE MAC & CHEESE

FÜR 4 PERSONEN

125 g Cashewkerne
300 g Makkaroni oder kurze Nudeln nach Wahl
1 Zwiebel, abgezogen und fein gewürfelt
2 EL Olivenöl
3 Knoblauchzehen, abgezogen und gepresst
6 sonnengetrocknete Tomaten
175 g geröstete rote Paprikaschoten (aus dem Glas)
½ EL Tomatenmark
1 TL Dijon-Senf
1 EL helle Misopaste
1 TL Rauchpaprikapulver
1 TL Flüssigrauch (nach Belieben)
2 EL Hefeflocken
400 ml Gemüsebrühe
75 g veganer, schmelzfähiger Käse (nach Belieben)

1. Wer keinen Hochleistungsmixer hat, weicht die Cashews vor dem Mixen 2 Stunden ein. Danach abtropfen lassen.
2. Den Backofen auf 200 °C Umluft vorheizen.
3. Die Makkaroni gemäß Packungsanweisung kochen, abtropfen lassen und beiseitestellen.
4. In der Zwischenzeit in einem Topf die Zwiebel in dem Olivenöl 7–8 Minuten dünsten. Den Knoblauch hinzufügen und 2 Minuten mitgaren.
5. Zwiebeln und Knoblauch mit getrockneten Tomaten, roter Paprika, Tomatenmark, Senf, Misopaste, Rauchpaprikapulver, Flüssigrauch (falls verwendet), Hefeflocken und Brühe in einen Mixer geben. Die abgetropften Cashewkerne hinzufügen und alles sehr fein und glatt pürieren. Je nach Leistung des Mixers kann das einige Minuten dauern.
6. Die Sauce wieder in den Topf geben und einige Minuten bei mittlerer Hitze erwärmen, damit sie etwas eindickt. Die Makkaroni einrühren.
7. Makkaroni und Sauce in eine große ofenfeste Form oder in vier Portionsformen füllen, mit Käse bestreuen (falls verwendet) und 15–20 Minuten überbacken, bis der Käse geschmolzen und die Oberfläche goldbraun und leicht knusprig ist.
8. Aus dem Ofen nehmen und servieren.

Die bekannte mexikanische Sauce mit Kakao oder Zartbitterschokolade und Chili kommt hier vegan daher. Rauchige Süßkartoffelpommes und die gehaltvolle Mole bilden geschmacklich eine perfekte Kombination! Nährstoffreich, sättigend und einfach umwerfend lecker.

BOHNEN-MOLE MIT SÜSSKARTOFFEL-POMMES

FÜR 4 PERSONEN

FÜR DIE MOLE
2 EL Pflanzenöl
1 Zwiebel, abgezogen und fein gewürfelt
1 große Karotte, geschält und fein gewürfelt
2 Knoblauchzehen, abgezogen und gepresst
2 TL gemahlener Kreuzkümmel
2 TL gemahlener Koriander
2 TL Paprikapulver
1 TL gemahlener Zimt
1 TL getrocknete Chipotle-Chiliflocken
1 TL getrockneter Oregano
2 Dosen (à 400 g) schwarze Bohnen, abgetropft
1 Dose (400 g) gehackte Tomaten
1 Lorbeerblatt
1 TL Kakaopulver
100 ml Gemüsebrühe

FÜR DIE POMMES
750 g Süßkartoffeln, geschält und in 1 cm dicke Stifte geschnitten
3 EL Olivenöl
1 EL Rauchpaprikapulver
2 TL Salz

1. Für die Mole das Öl in einer großen Pfanne erhitzen, Zwiebel und Karotte darin 5 Minuten bei mittlerer Hitze anbraten.
2. Knoblauch, alle Gewürze und Oregano hinzugeben und 1 Minute unter Rühren mitbraten.
3. Schwarze Bohnen, Dosentomaten, Lorbeerblatt, Kakao und Brühe einrühren.
4. Abgedeckt zum Kochen bringen, dann die Hitze reduzieren und 5 Minuten köcheln lassen. Warm halten, bis die Pommes fertig sind.
5. In der Zwischenzeit den Backofen auf 220 °C Umluft vorheizen und ein großes Backblech hineinstellen.
6. Die Süßkartoffelspalten im Öl schwenken und mit Rauchpaprika und Salz bestreuen.
7. Auf dem vorgeheizten Backblech verteilen und 20–25 Minuten backen. Nach 15 Minuten die Pommes frites wenden.
8. Das Lorbeerblatt aus der Mole fischen. Die Süßkartoffeln mit der Mole servieren.

Wir dachten, Bao seien kompliziert zuzubereiten – bis wir's einfach mal ausprobiert haben. Zugegeben, ihr braucht dazu am besten einen Dampfkorb aus Bambus und etwas Zeit, weil der Teig 1–2 Stunden gehen muss. Aber es lohnt sich: Diese superleckeren, mit Pilzen gefüllten Bao passen perfekt zu dem bunten, knackigen Salat. Unbedingte Empfehlung!

BAO MIT PILZEN & ASIATISCHEM SALAT

FÜR 4 PERSONEN

FÜR DIE BAO
1¼ TL Trockenhefe
350 g Mehl
1½ EL Zucker
1 TL Salz
1 TL Backpulver
Sonnenblumenöl

FÜR DIE PILZFÜLLUNG
1 kleine rote Zwiebel, gehackt
2 EL Sonnenblumenöl
350 g Champignons, halbiert und in Scheiben geschnitten
2 Knoblauchzehen, abgezogen und gepresst
3 EL Sojasauce
2 EL Reisweinessig
3 EL Sriracha-Sauce
1 EL Ahornsirup oder Agavendicksaft
1 EL Hoisin-Sauce

FÜR DEN SALAT
200 g Rotkohl, fein gehobelt
1 Mini-Romanasalat, in feine Streifen geschnitten
2 Karotten, geschält und in feinste Streifen geschnitten
4 Frühlingszwiebeln, schräg in Ringe geschnitten
1 Handvoll frisches Thai-Basilikum, zerpflückt
3 EL Sesamöl
2 EL Sojasauce
2 EL Agavendicksaft oder Ahornsirup
1 TL frisch geriebener Ingwer
frischer Koriander zum Servieren (nach Belieben)

1. Für die Bao 250 ml warmes Wasser und Hefe in einer kleinen Schüssel verrühren.
2. In einer größeren Schüssel Mehl, Zucker, Salz und Backpulver mischen.
3. Das Hefewasser und 1 EL Öl zur Mehlmischung geben und alles zu einem weichen Teig verarbeiten. Auf einer leicht bemehlten Arbeitsfläche 7–8 Minuten kneten, bis der Teig glatt und elastisch ist.
4. Eine Schüssel mit etwas Öl einfetten. Den Teig zu einer Kugel formen, in die Schüssel legen und, mit einem Geschirrtuch abgedeckt, an einem warmen Ort 1–2 Stunden gehen lassen, bis sein Volumen sich verdoppelt hat.
5. Für die Pilzfüllung in einer Pfanne die Zwiebel in dem Öl bei mittlerer Hitze weich dünsten, dann Pilze und Knoblauch hinzufügen. 2–3 Minuten unter Rühren garen.
6. Alle übrigen Zutaten für die Füllung hinzufügen und bei mittlerer bis starker Hitze 5–6 Minuten weich dünsten. Die Pilze geben Flüssigkeit ab, also keine Sorge, wenn es anfangs etwas trocken erscheint. Beiseitestellen und abkühlen lassen.
7. Die festen Salatzutaten in einer großen Schüssel vermengen. Die restlichen Zutaten für das Dressing in einer kleinen Schüssel verrühren. Über den Salat gießen und bis zum Servieren in den Kühlschrank stellen.
8. Den Teig in 10 gleich große Portionen teilen. Jede zu einer Kugel rollen, flach drücken und zu einem 10–12 cm großen Kreis ausrollen. In die Mitte 1 EL der Pilzmischung geben. Die Teigränder hochklappen, zusammendrücken und verdrehen, sodass ein »Beutel« entsteht. Die restlichen Teigportionen ebenso füllen.
9. Ein Stück Backpapier in einen Dampfkorb legen. Es muss so groß sein, dass die Bao darauf Platz haben, darf aber nicht den ganzen Boden des Dampfkorbs bedecken, damit der Dampf aufsteigen kann. Die Bao 8 Minuten über einem Topf mit kochendem Wasser garen (evtl. in zwei Ladungen).
10. Den Kohlsalat mit frischem Koriander garnieren (falls verwendet) und zu den Bao servieren.

Im Familienrat wählt ihr dieses Gericht bestimmt in die Top 3. Es ist im Handumdrehen zubereitet, verursacht wenig Abwasch und verlangt – einmal im Backofen – wenig Aufmerksamkeit. Obwohl es so simpel ist, schmeckt es umwerfend gut. Nach Belieben noch gedünsteten Brokkoli dazu servieren.

OFENKARTOFFELN MIT WÜRSTCHEN

FÜR 2 PERSONEN

6 kleine vegane Würstchen
350 g neue Kartoffeln, abgebürstet und in mundgerechte Stücke geschnitten
2 Stangen Lauch, geputzt und in Ringe geschnitten
1 TL frischer Rosmarin, fein gehackt
4 EL Olivenöl
2 TL körniger Senf
1 TL Agavendicksaft
Salz und Pfeffer

1. Den Backofen auf 200 °C Umluft vorheizen.
2. Würstchen, Kartoffeln, Lauch und Rosmarin in einen Bräter geben.
3. Öl, Senf und Agavendicksaft in einer kleinen Schüssel verrühren, kräftig salzen und pfeffern, dann in den Bräter geben und alles gut vermischen.
4. 35–45 Minuten backen, oder bis die Kartoffeln gar sind, nach 20 Minuten alles gut durchrühren.
5. Aus dem Ofen holen und sofort servieren.

Es gibt mittlerweile zahlreiche Rezepte für vegane Festtagsbraten, von Fleischimitaten (im Handel erhältlich) bis hin zu Zubereitungen aus Linsen, Paranüssen und Rosmarin oder aus Esskastanien und Rotwein. Unser pflanzlicher Wellington kann sich mit den Besten messen – versprochen. Er sieht beeindruckend aus und schmeckt genauso gut. Dazu passen Röstkartoffeln, gedünstetes Gemüse und dunkle Bratensauce. *Foto auf der nächsten Seite*

PILZ-NUSS-BRATEN WELLINGTON (DER PERFEKTE SONNTAGSBRATEN)

FÜR 6 PERSONEN

2 EL Sonnenblumenöl
½ Zwiebel, abgezogen und fein gewürfelt
2 Stangen Sellerie, fein gehackt
2 kleine Karotten, geschält und sehr fein gewürfelt
3 Knoblauchzehen, abgezogen und gepresst
1 TL getrockneter Thymian
1 TL getrockneter Rosmarin
250 g Pilze, fein gewürfelt
2 EL Sojasauce
2 EL Tomatenmark
1 Dose (400 g) Kichererbsen, abgespült, abgetropft und mit einer Gabel zerdrückt
100 g Walnusskerne, fein gehackt
100 g gemahlene Mandeln
Salz und Pfeffer
1 Packung (350 g) frischer veganer Blätterteig (Kühlregal)
geschmolzene vegane Butter oder Pflanzendrink zum Bestreichen

1. Den Backofen auf 200 °C Umluft vorheizen.
2. Das Öl in einer großen Pfanne erhitzen. Zwiebel, Sellerie und Karotten darin 8–10 Minuten unter gelegentlichem Rühren anbraten.
3. Knoblauch und Kräuter hinzufügen und 1 Minute mitbraten, dann die Pilze einrühren und 5–6 Minuten braten, bis sie weich sind. Vom Herd nehmen.
4. Sojasauce, Tomatenmark, Kichererbsen, Walnüsse und Mandeln zugeben, salzen und pfeffern und alles zu einer feuchten, aber formbaren Masse vermengen. Falls die Masse zu weich ist, zusätzliche gemahlene Mandeln, Haferflocken oder Semmelbrösel einarbeiten.
5. Ein Backblech mit Backpapier auslegen und den Blätterteig darauf entrollen. Die Pilzmischung in die Mitte geben und mit den Händen zu einem langen Strang parallel zu den langen Teigkanten formen. Zu den kurzen Kanten hin ein Stück frei lassen.
6. Den Teig um die Füllung herum fest aufrollen, Naht nach unten. Die kurzen Ränder mit etwas Pflanzendrink anfeuchten und zusammendrücken. Dann die Enden nach unten einschlagen.
7. Die Oberseite mit geschmolzener veganer Butter oder etwas Pflanzendrink bestreichen und in Abständen von ca. 2 cm schräge Schlitze hineinritzen.
8. 35 Minuten backen, bis der Teig goldbraun ist.

PALLARES
SOLSONA

Pilze sind einfach großartig. Sie nehmen Gewürzaromen gut an und geben der Sauce einen wunderbaren Umami-Geschmack. Außerdem sind sie eine gute Quelle für Vitamin D. In diesem Rezept verwenden wir Champignons und Steinpilze für zweifache Vitamine und zweifachen Geschmack.

PILZ-BOLOGNESE

FÜR 4 PERSONEN

10 g getrocknete Steinpilze
600 ml Gemüsebrühe
200 g getrocknete feine Sojaschnetzel
1 Zwiebel, abgezogen und gewürfelt
4 EL Olivenöl
2 Knoblauchzehen, abgezogen und gepresst
250 g Champignons, sehr fein gewürfelt
1 rote Paprikaschote, entkernt und gewürfelt
1 Stange Sellerie, in dünne Scheiben geschnitten
1 TL getrockneter Oregano
400 g passierte Tomaten
125 ml Rotwein
2 EL Paste aus sonnengetrockneten Tomaten oder fein gehackte sonnengetrocknete Tomaten
1 EL Tomatenmark
2 EL dunkle Sojasauce
1 Lorbeerblatt
Salz und Pfeffer
350 g breite Bandnudeln
1 Handvoll frisches Basilikum (nach Belieben)

1. Die getrockneten Steinpilze gemäß Packungsanweisung einweichen, dann in kleine Stücke schneiden.
2. 400 ml Gemüsebrühe aufkochen und über die Sojaschnetzel gießen. Zum Quellen beiseitestellen.
3. Die Zwiebel in 2 EL Olivenöl in einer großen Pfanne 6–7 Minuten weich dünsten, dann Knoblauch, Champignons, Steinpilze, Paprika und Sellerie hinzufügen und 3–4 Minuten mitgaren.
4. Die vorbereiteten Sojaschnetzel und Oregano dazugeben und gut umrühren.
5. Zum Schluss passierte Tomaten, Rotwein, Tomatenpaste, Tomatenmark, Sojasauce, die verbliebenen 200 ml Gemüsebrühe, das Einweichwasser der Steinpilze und das Lorbeerblatt hinzufügen. Gut umrühren und abschmecken.
6. Aufkochen, dann bei schwacher Hitze 15 Minuten mit Deckel köcheln lassen.
7. In der Zwischenzeit die Nudeln gemäß Packungsanweisung kochen, abgießen, das restliche Olivenöl unterrühren und mit der Pilzbolo übergießen. Nach Belieben mit frischem Basilikum bestreuen und servieren.

Tipp: Falls euch die Sauce nicht sämig genug wird, könnt ihr am Ende der Kochzeit ½–1 EL vegane Instant-Bratensauce einrühren.

Für dieses aromatische Curry haben wir uns für Süßkartoffeln, Butternusskürbis und grüne Bohnen entschieden. Aber ihr könnt auch andere Gemüsesorten verwenden oder einen Teil durch Tofu ersetzen. Vielleicht erscheint es euch umständlich, die Currypaste selbst zu machen, doch ihr müsst dafür nur alle Zutaten in den Mixer werfen – und schließlich werdet ihr mit einem duftenden Kokoscurry belohnt, das nur schwer zu übertreffen ist!

KAMBODSCHANISCHES SAMLÁ-CURRY

FÜR 4 PERSONEN

FÜR DIE CURRYPASTE

2 Stängel Zitronengras, geschält und fein gehackt
2 Schalotten, abgezogen und grob gehackt
4 Knoblauchzehen, abgezogen
1 Stück Ingwer (5 cm), geschält und grob gehackt
2–4 rote Chilis (wer gern scharf isst, lässt die Kerne drin)
abgeriebene Schale von 2 Limetten (bio)
1 TL gemahlene Kurkuma
1 TL Salz

FÜR DAS CURRY

2 EL Sonnenblumenöl
500 ml Gemüsebrühe
3 EL helle Sojasauce
1 EL Rohrohrzucker
500 g Süßkartoffeln, geschält und in mundgerechte Stücke geschnitten
300 g Butternusskürbis, geschält und in mundgerechte Stücke geschnitten
125 g grüne Bohnen, geputzt
50 g schnittfeste Kokoscreme im Block oder 100 g Kokoscreme aus dem Glas
50 g Erdnusskerne, grob gehackt
2 EL frische gehackte Minze
gekochter Reis als Beilage

1. Alle Zutaten für die Currypaste in einem Mixer möglichst glatt pürieren. Falls die Mischung zu trocken ist, etwas Wasser hinzufügen und nochmals mixen.
2. Das Sonnenblumenöl in einer großen Pfanne erhitzen und die selbst gemachte Paste 3–4 Minuten darin anbraten. Brühe, Sojasauce und Zucker hinzufügen. Zum Kochen bringen, die Süßkartoffeln und den Kürbis hinzugeben und zugedeckt 7–8 Minuten köcheln lassen.
3. Die grünen Bohnen unterheben und weitere 3 Minuten köcheln lassen.
4. Die Kokoscreme hacken, in die Pfanne geben und umrühren, bis sie geschmolzen ist und die Sauce eindickt.
5. Mit gehackten Erdnüssen und Minze bestreuen und mit Reis servieren.

Gutes Essen muss weder kompliziert noch mit einem Berg von Abwasch verbunden sein. Das beweist unsere Version der One-Pot-Pasta mit herrlichen mediterranen Aromen und einer mit roten Linsen angedickten Sauce. Alles in einem Topf – einfacher und köstlicher geht es wohl nicht.

MEDITERRANE ONE-POT-PASTA

FÜR 4 PERSONEN

500 g passierte Tomaten
50 g getrocknete rote Linsen
1 Schuss Rotwein
75 g Oliven ohne Stein, halbiert
25 g Kapern
75 g sonnengetrocknete Tomaten, gehackt
1 TL Chiliflocken (nach Belieben)
600 ml Gemüsebrühe
300 g Linguine
Salz und Pfeffer
frisches Basilikum

1. Passierte Tomaten, Linsen und Rotwein in einen großen Topf geben und 5 Minuten köcheln lassen, dabei ab und zu umrühren, damit die Linsen nicht anbrennen.
2. Oliven, Kapern, getrocknete Tomaten, Chiliflocken (falls verwendet) und Brühe hinzufügen und zum Kochen bringen.
3. Die Linguine hinzufügen und untertauchen. Eventuell dauert das etwas, bis sie weich werden.
4. Den Deckel auflegen und das Ganze 10–12 Minuten bei schwacher Hitze köcheln lassen, bis die Nudeln gar, aber noch bissfest sind. Regelmäßig umrühren, damit die Nudeln nicht zusammenkleben, und gegen Ende der Garzeit bei Bedarf noch etwas Wasser hinzufügen. Mit Salz und Pfeffer kräftig abschmecken.
5. Mit frischem Basilikum bestreut servieren.

Sie mag ein Kind der 1970er-Jahre sein, aber bei uns ist die Quiche nie aus der Mode gekommen. Für die vegane Variante wird statt Ei Tofu verwendet – proteinreich und (mindestens!) genauso lecker. Die Quiche schmeckt warm oder kalt und eignet sich hervorragend als leichtes Mittag- oder Abendessen. Natürlich könnt ihr sie auch prima zum Picknick mitnehmen, denn kleine Stücke sind fabelhaftes Fingerfood.

QUICHE MIT BUNTEM GEMÜSE

FÜR 6–8 PERSONEN

- 400 g fester Tofu oder Räuchertofu
- 1 Packung frischer veganer Mürbeteig (Kühlregal)
- 1 rote Zwiebel, abgezogen und in Ringe geschnitten
- 2 EL Oliven- oder Pflanzenöl
- 1 Knoblauchzehe, abgezogen und gepresst
- 1 rote Paprikaschote, entkernt und in Streifen geschnitten
- ½ Zucchini, in dünne Scheiben geschnitten
- 2 Scheiben veganer Bacon, gewürfelt (nach Belieben)
- 1 Handvoll frischer Spinat
- 2 EL frisch gehackte Petersilie oder 2 TL getrocknete
- ¼ TL gemahlene Kurkuma
- 2–3 EL Pflanzendrink
- 150 g veganer Cheddar, gerieben
- Salz und Pfeffer
- 1 große Tomate, in Scheiben geschnitten

1. Den Tofu in einem sauberen Geschirrtuch auspressen, um so viel Wasser wie möglich zu entfernen, und beiseitestellen.
2. Den Teig entrollen und eine 25 cm große Tarteform damit auslegen, dann mit einer Gabel einstechen und 30 Minuten in den Kühlschrank stellen.
3. Den Backofen auf 180 °C Umluft vorheizen und den Teig 15 Minuten ohne Belag vorbacken.
4. In der Zwischenzeit in einer Pfanne die Zwiebel in dem Öl weich dünsten. Knoblauch, Paprika, Zucchini und veganen Bacon (falls verwendet) hinzufügen und weitere 3–5 Minuten braten. Spinat und Petersilie unterrühren. Vom Herd nehmen, sobald der Spinat zusammengefallen ist.
5. Den Tofu in einem Mixer krümelig zerkleinern. Kurkuma und ein wenig Pflanzendrink zugeben und erneut mixen. Nicht zu viel Pflanzendrink verwenden, sonst wird die Quiche matschig. Die Masse soll glatt und dick-cremig sein.
6. Den Tofu mit dem Gemüse mischen, dann den geriebenen Käse unterheben und nach Geschmack mit Salz und Pfeffer würzen.
7. Die Mischung auf dem vorgebackenen Teigboden verteilen, andrücken und mit den Tomatenscheiben belegen.
8. 25–30 Minuten backen, bis die Oberfläche gebräunt ist und sich die Quiche einigermaßen fest anfühlt. Vor dem Anschneiden 15 Minuten ruhen lassen.

Tipp: Mürbeteig ist auch fix selbst gemacht: 175 g Mehl mit 85 g veganer Butter verkneten, 30 Minuten im Kühlschrank ruhen lassen, fertig.

Dieser warme Salat ist leicht, köstlich und im Handumdrehen zubereitet, denn »die Arbeit« wird im Ofen erledigt. Saftiges mediterranes Gemüse, knuspriges Ciabatta und der Duft des frischen Basilikums machen ihn zu einem idealen Sommergericht. Schiebt die Mischung in den Backofen, setzt euch raus in die Sonne und kommt erst wieder, wenn die Panzanella fertig ist.

PANZANELLA AUS DEM OFEN

FÜR 4 PERSONEN

750 g Tomaten, geviertelt
2 rote Paprikaschoten, entkernt und in Stücke geschnitten
1 Dose (400 g) Cannellini-Bohnen, abgespült und abgetropft
2 EL Olivenöl
3 Knoblauchzehen, abgezogen und gepresst
200 g Ciabatta, in mundgerechte Stücke gerissen
Salz und Pfeffer
2 EL Rotweinessig
2 TL Kapern (nach Belieben)
1 Handvoll frisches Basilikum, zerpflückt

1. Den Backofen auf 200 °C Umluft vorheizen.
2. Tomaten, Paprika, Cannellini-Bohnen, Olivenöl, Knoblauch und Ciabatta auf ein Backblech mit hohem Rand geben, alles vermischen und gleichmäßig verteilen. Mit Salz und Pfeffer würzen und 25–30 Minuten backen.
3. Wenn das Gemüse weich und das Brot knusprig ist, die Form aus dem Ofen nehmen.
4. Mit dem Rotweinessig beträufeln und mit den Kapern (falls verwendet) bestreuen. Mit Basilikum garniert servieren.

Auch dieses Gericht ist sehr einfach und gelingt sogar, wenn ihr die Mengen variiert. Außerdem kann jede feste Kürbissorte verwendet werden. Besonders hübsch sieht es aus, wenn ihr ihn in halbmondförmige Spalten schneidet. Der Couscous kann auch mit anderen Gemüsearten, Trockenfrüchten oder Nüssen vermischt werden.

GEBACKENER KÜRBIS MIT PERL-COUSCOUS & KOKOS-LIMETTEN-JOGHURT

FÜR 4 PERSONEN

FÜR DEN KÜRBIS

750 g Kürbis, geschält und in 2 cm dicke Spalten geschnitten
3 EL Olivenöl
2 EL Ahornsirup oder Agavendicksaft
2 TL Chipotle-Chiliflocken
1 TL gemahlener Kreuzkümmel
Salz

FÜR DEN COUSCOUS

250 g Perl-Couscous
175 g Schalotten, abgezogen und fein gewürfelt
1 gelbe Paprikaschote, entkernt und gehackt
4 TL Ras el-Hanout
2 EL Olivenöl
1 Dose (400 g) Kichererbsen, abgespült und abgetropft
35 g Mandelblättchen
50 g Sultaninen
Saft von 1 Zitrone
1 Handvoll Petersilie
Salz und Pfeffer

FÜR DEN JOGHURT

200 g Kokosjoghurt
1 EL Agavendicksaft
abgeriebene Schale von 2 Limetten (bio)
Saft von 1 Limette
1 EL frisch gehackter Koriander (nach Belieben)

1. Den Backofen auf 180 °C Umluft vorheizen.
2. Die Kürbisspalten nebeneinander auf ein beschichtetes Backblech legen.
3. In einer kleinen Schüssel Olivenöl, Ahornsirup, Chiliflocken, Kreuzkümmel und Salz verrühren. Den Kürbis damit beträufeln, dann 40 Minuten im Ofen backen.
4. Etwa 10 Minuten vor Ende der Garzeit den Perl-Couscous gemäß Packunganweisung garen.
5. Schalotten, Paprika und Ras el-Hanout in einer Pfanne 6–7 Minuten in Olivenöl anbraten, bis die Schalotten weich sind.
6. Kichererbsen, Mandeln und Sultaninen hinzufügen und weitere 2–3 Minuten schmoren, dabei regelmäßig umrühren. Mit Salz und Pfeffer abschmecken und auf einer Servierplatte anrichten.
7. Mit Zitronensaft beträufeln und mit Petersilie bestreuen.
8. Alle Zutaten für den Joghurt in einer Schüssel verrühren.
9. Den gebackenen Kürbis aus dem Ofen nehmen und auf dem Couscous verteilen. Den Joghurt separat dazu reichen oder das Gericht schon teilweise damit beträufeln.

Ein Hinweis zu Perl-Couscous: *Moghrabieh* heißt diese Beilage im arabischen Raum. Die fast erbsengroßen Kügelchen bestehen wie herkömmlicher Couscous aus Hartweizengrieß. Einige Sorten müssen nur mit kochend heißem Wasser übergossen werden und anschließend 10 Minuten quellen, andere müssen 10 Minuten köcheln. Also unbedingt den Zubereitungshinweis auf der Packung beachten.

Die Jackfruit lässt sich zerpflücken und nimmt die Aromen von Gewürzen und anderen Zutaten sehr gut an. Ihr Fruchtfleisch macht sich prima auf Pizzen, in Chilis, Tacos oder zu Nachos. Wir haben unserer Jackfruit rauchige BBQ-Aromen verpasst und sie mit knackigem, würzigem Sellerie und Rotkohl zwischen zwei Brötchenhälften gepackt. Wem läuft bei dem Anblick nicht das Wasser im Mund zusammen?

PULLED-JACKFRUIT-SANDWICH MIT COLE SLAW

FÜR 2 PERSONEN

1 Dose (400 g) Jackfruit in Salzlake
3 TL Grillgewürzmischung
2 EL Olivenöl
75 g Barbecue-Sauce
2 Buns oder Brötchen nach Wahl
vegane Butter

FÜR DEN COLE SLAW

50 g Knollensellerie, geschält
½ Apfel, entkernt
35 g Rotkohl
1 Spritzer Zitronensaft
3–4 EL vegane Mayonnaise
1 TL Dijon-Senf
1 EL Kapern
1 Handvoll frische Petersilie

1. Die Jackfruit abtropfen lassen und abspülen, dann den harten Kern der Frucht herausschneiden und den Rest mit den Fingern zerpflücken.
2. Mit dem Grillgewürz und 1 EL Öl gut vermischen und mindestens 30 Minuten beiseitestellen.
3. In der Zwischenzeit den Selleriesalat zubereiten. Knollensellerie, Apfel und Rotkohl raspeln oder hobeln. Zitronensaft, Mayo, Senf, Kapern und Petersilie untermischen und bis zur Verwendung in den Kühlschrank stellen.
4. Eine beschichtete Pfanne erhitzen und die Jackfruit in dem restlichen Öl bei mittlerer Hitze etwa 5 Minuten braten, dabei ab und zu wenden.
5. Die Barbecue-Sauce unterrühren und 3–4 Minuten köcheln lassen.
6. Die Brötchen aufschneiden und die Schnittflächen mit veganer Butter bestreichen. Die Jackfruit auf den unteren Brötchenhälften verteilen, mit dem Salat belegen und die oberen Brötchenhälften daraufsetzen.

Dies ist ein herzhaftes Gericht mit typisch mexikanischen Aromen. Wir haben hier mit Chilipulver nicht gegeizt – wer nicht so gern scharf isst, kann die Menge einfach halbieren. Das Beste an diesem One-Pot-Chili ist wahrscheinlich, dass die Aromen mit der Zeit noch intensiver werden. Mit anderen Worten: Kocht am besten gleich einen großen Topf voll, denn aufgewärmt schmeckt das Chili noch besser. Dazu passen Tortilla-Chips und Guacamole.

ONE-POT-CHILI MIT DREIERLEI BOHNEN

FÜR 4–6 PERSONEN

2 EL Sonnenblumenöl
1 große Zwiebel, abgezogen und gewürfelt
1 rote Paprikaschote, entkernt und gehackt
3 Knoblauchzehen, abgezogen und gepresst
2 TL gemahlener Kreuzkümmel
2 TL Paprikapulver
2 TL Chilipulver
2 TL getrockneter Oregano
2 TL Kakaopulver
250 g Süßkartoffeln, geschält und in 3 cm große Stücke geschnitten
3 Dosen (à 400 g) verschiedene Bohnen nach Wahl, abgespült und abgetropft
2 Dosen (à 400 g) gehackte Tomaten
2 EL Tomatenmark
300 ml Gemüsebrühe
2 EL dunkle Sojasauce
1 EL Essig (Balsamico, Rotwein, Apfelwein oder was immer zur Hand ist)
frisch gehackter Koriander (nach Belieben)

1. Das Öl in einem großen Topf erhitzen. Zwiebel und Paprika 7–8 Minuten darin anbraten. Knoblauch, Kreuzkümmel, Paprikapulver, Chilipulver, Oregano und Kakao hinzugeben und 2 Minuten mitbraten, dabei umrühren, damit nichts anbrennt.
2. Süßkartoffeln und Bohnen zugeben und gut mit den Gewürzen verrühren.
3. Dosentomaten, Tomatenmark, Gemüsebrühe und Sojasauce zugeben und unter ständigem Rühren zum Kochen bringen. Abgedeckt bei schwacher Hitze etwa 15 Minuten köcheln lassen, dabei ab und zu umrühren.
4. Sobald die Süßkartoffeln weich sind, den Topf vom Herd nehmen und den Essig einrühren.
5. Nach Belieben mit frischem Koriander bestreuen und servieren.

Veganes Rindfleisch und Pilze in dunkler Bratensauce unter einer knusprigen Haube aus Blätterteig – dieser britische Klassiker kommt gut an! Mit dunklem Bier bekommt die Sauce eine zartbittere Note, mit hellem Bier wird sie milder. Alternativ kann auch Rotwein verwendet werden, dann erinnert die Füllung an französisches *Bœuf bourguignon.* Macht, was ihr wollt: Es ist eure Pastete! ***Foto auf der nächsten Seite***

PILZPASTETE MIT BIER

FÜR 4 PERSONEN

10 g getrocknete Steinpilze
1 große Zwiebel, abgezogen und gewürfelt
2 EL Sonnenblumenöl
2 Knoblauchzehen, abgezogen und gepresst
2 Karotten, geschält und gewürfelt
1 Stange Sellerie, in Scheiben geschnitten
200 g Champignons, geviertelt
400 g vegane Rindfleischalternative in Stücken (Kühlregal, TK oder als Trockenprodukt zum Einweichen)
1 EL Rohrohrzucker
1 EL Tomatenmark
1 TL körniger Senf
2 EL rotes Zwiebelchutney
1 EL frisch gehackte Petersilie
½ TL getrockneter Thymian
250 ml Bier oder Rotwein
125 ml Gemüsebrühe
1 EL Speisestärke, mit 3 EL kaltem Wasser verrührt
Salz und Pfeffer
150 g frischer veganer Blätterteig (Kühlregal)
etwas Pflanzendrink

1. Die Steinpilze mit kochendem Wasser übergießen und mindestens 10 Minuten quellen lassen. Die Pilze in kleine Stücke schneiden und beiseitestellen, die Flüssigkeit aufbewahren.
2. Die Zwiebel in einer Pfanne in dem Öl 7–8 Minuten weich dünsten. Knoblauch, Karotten, Sellerie, Champignons und Steinpilze zugeben und 5 Minuten mitbraten.
3. Die pfannenfertige Rindfleischalternative zugeben (falls ein getrocknetes Produkt verwendet wird, dieses vorher nach Packungsanweisung einweichen) und unter gelegentlichem Rühren 5–6 Minuten garen.
4. Zucker, Tomatenmark, Senf, Chutney, Petersilie, Thymian, Bier, Brühe und 50 ml vom Einweichwasser der Steinpilze zugeben und zum Kochen bringen. Dann bei schwacher Hitze 12–15 Minuten köcheln lassen, bis die Flüssigkeit reduziert ist.
5. In der Zwischenzeit den Backofen auf 200 °C Umluft vorheizen.
6. Die angerührte Stärke unter das köchelnde Gemüse rühren, um die Flüssigkeit zu binden. Vom Herd nehmen und mit Salz und Pfeffer abschmecken.
7. Die Füllung in eine ofenfeste Form (ca. 22 cm Ø) oder in vier Portionsformen füllen.
8. Mit dem Blätterteig abdecken. Überstehenden Teig abschneiden und aus diesen Teigresten Blätter ausschneiden. Die Oberfläche der Pastete damit verzieren.
9. Den Teigdeckel mehrmals mit einer Messerspitze einstechen, damit beim Backen Dampf entweichen kann. Den Teig mit dem Pflanzendrink bestreichen und die Pastete 25–30 Minuten backen, bis der Teig aufgegangen und goldbraun ist.

Karahi ist ein indischer Kochtopf, aber ihr könnt auch zu einem Wok oder einer hohen Pfanne greifen. Und ja: Dieses Gericht enthält ganz schön viele Gewürze. Doch genau das macht es so unverschämt lecker! Das Rezept stammt von unserem Team aus Indien, und die Kolleg*innen empfehlen dazu Chapati oder ein anderes warmes indisches Brot, das sich hervorragend in die Sauce tunken lässt. Die Schärfe könnt ihr mit einem Klecks Kokosjoghurt mildern, am besten verfeinert mit etwas frischer Minze.

KARAHI-PILZE

FÜR 2 PERSONEN

- 1 große Zwiebel, grob in Stücke geschnitten
- 1 große Tomate, gewürfelt
- 1 Stück Ingwer (3 cm), geschält und gerieben
- 2 Knoblauchzehen, abgezogen
- 3 EL Sonnenblumenöl
- 1 Lorbeerblatt
- 1 Zimtstange
- 5 Kardamomkapseln
- 3 Gewürznelken
- ½ TL Chiliflocken (wer es milder mag, nimmt weniger)
- ½ TL Salz
- ¼ TL gemahlene Kurkuma
- ½ TL Chilipulver
- 1 TL gemahlener Koriander
- 2 TL gemahlener Kreuzkümmel
- 1 kleine Zwiebel, abgezogen und fein gewürfelt
- 1 rote Paprikaschote, entkernt und klein geschnitten
- 250 g Champignons, in Scheiben geschnitten
- ¼ TL Garam Masala
- 1 TL getrocknete Bockshornkleeblätter
- Fladenbrot als Beilage

1. Für die Gewürzbasis die große Zwiebel mit Tomate, Ingwer und Knoblauch im Standmixer pürieren. Beiseitestellen.
2. 2 EL Öl in einer großen Pfanne erhitzen. Lorbeerblatt, Zimtstange, Kardamomkapseln, Nelken und Chiliflocken darin bei mittlerer Hitze 1 Minute anbraten.
3. Die Gewürzbasis und das Salz in die Pfanne geben und verrühren. Auf starker Hitze zum Kochen bringen, dann bei schwacher Hitze 3–4 Minuten köcheln lassen.
4. Kurkuma, Chilipulver, Koriander und Kreuzkümmel zugeben und weitere 15 Minuten sanft köcheln lassen. Bei Bedarf umrühren, damit nichts anbrennt (das hängt davon ab, wie saftig die Tomate ist).
5. In der Zwischenzeit in einer separaten Pfanne den restlichen EL Öl erhitzen und die kleinere Zwiebel, die Paprikastücke und die Champignons etwa 8 Minuten weich dünsten.
6. Wenn die Gewürzbasis fertig ist, die Paprika-Pilz-Mischung zusammen mit dem Garam Masala hinzufügen. Gut umrühren und abschmecken.
7. 125 ml Wasser zugießen und alles bei geschlossenem Deckel zum Kochen bringen. Bei mittlerer Hitze 2–3 Minuten köcheln lassen. Die getrockneten Bockshornkleeblätter zugeben und noch 1 Minute mitkochen lassen.

Ein Hinweis zum Anrichten: Ganze Gewürze wie Lorbeerblatt, Zimtstange, Kardamomkapseln oder Gewürznelken werden natürlich nicht mitgegessen – fischt vor dem Servieren einfach raus, was ihr findet, oder schiebt es beim Essen an den Tellerrand.

Ihr liebt Kartoffeln? Dann ist dieses Gericht für euch: Eine würzige Linsen-Füllung versteckt sich zwischen zwei cremigen Kartoffelschichten. Im Heimatland Argentinien heißt es *Pastel de Papas* – also Kartoffelkuchen –, und es gibt unzählige Variationen davon. Unsere vegane Version mit grünen Oliven ist das perfekte Comfort Food.

PASTEL DE PAPAS

FÜR 4 PERSONEN

4 große Kartoffeln, geschält und gewürfelt
4 EL Sonnenblumenöl
Salz
1 EL Sojasauce
1 Zwiebel, abgezogen und gewürfelt
1 rote Paprikaschote, entkernt und gewürfelt
1 TL gemahlener Kreuzkümmel
1 TL Paprikapulver
1 TL getrockneter Oregano
75 g grüne Oliven, entkernt und klein geschnitten
1 Dose (400 g) grüne Linsen, abgetropft
50 g veganer Käse (nach Belieben)

1. Die Kartoffeln in einem großen Topf mit Salzwasser ca. 15 Minuten garen. Durch die Kartoffelpresse drücken, 2 EL Öl einrühren und salzen. Beiseitestellen.
2. Den Backofen auf 200 °C Umluft vorheizen.
3. Die Sojasauce mit 2 EL Wasser verrühren. Beiseitestellen.
4. Zwiebel- und Paprikawürfel in einer Pfanne in den restlichen 2 EL Öl 8–10 Minuten weich dünsten. Kreuzkümmel, Paprikapulver und Oregano einrühren und 1–2 Minuten mitbraten.
5. Oliven, Linsen und die verdünnte Sojasauce unterrühren. Vom Herd nehmen.
6. Die Hälfte des Kartoffelpürees auf dem Boden einer ofenfesten Form (ca. 20 × 20 cm) verteilen. Die Linsenmischung darauf verteilen und mit einer zweiten Schicht Kartoffelpüree bedecken.
7. Nach Belieben mit veganem Käse bestreuen und 20–25 Minuten backen, bis die Oberfläche goldbraun ist.
8. Aus dem Ofen nehmen und servieren.

Dies ist eine Variante des klassischen indischen Rezepts *Chole* (auch bekannt als *Chana Masala*), das uns die Schauspielerin und Veganuary-Supporterin Soundarya Sharma exklusiv zur Verfügung gestellt hat. In Soundaryas Version werden getrocknete Kichererbsen über Nacht eingeweicht und als klassisches Biryani gekocht. Unser schnelleres Rezept enthält noch Reis (*Chawal*) – ist aber genauso aromatisch und sättigend wie das Original. Danke, Soundarya!

CHOLE CHAWAL MIT RAITA

FÜR 4 PERSONEN

FÜR DAS CHOLE CHAWAL
200 g Vollkornreis
2 EL Sonnenblumenöl
1 Sternanis
1 kleine Zimtstange
2 Kardamomkapseln
4 schwarze Pfefferkörner
1 TL Kreuzkümmelsamen
1 Stück Ingwer (3 cm), geschält und gerieben
1 große Zwiebel, abgezogen und in dünne Scheiben geschnitten
½ TL gemahlene Kurkuma
½ TL Chilipulver
1 TL gemahlener Koriander
2 Dosen (à 400 g) Kichererbsen, abgespült und abgetropft
1 große Tomate, gehackt
Salz

FÜR DIE RAITA
125 g veganer Joghurt
65 g Gurke, geraspelt
20 g Zwiebel, abgezogen und gerieben
¼ TL Cayennepfeffer
¼ TL gemahlener Kreuzkümmel
1 Handvoll frische Minze, fein gehackt
2 EL Zitronensaft
Salz und Pfeffer

ZUM SERVIEREN
frische Minze
Zitronenspalten

1. Den Reis 30 Minuten einweichen. Währenddessen die anderen Zutaten vorbereiten.
2. Das Öl in einer großen Pfanne mit Deckel erhitzen.
3. Sternanis, Zimtstange, Kardamomkapseln, Pfefferkörner, Kreuzkümmelsamen und Ingwer darin bei mittlerer Hitze 2 Minuten anbraten.
4. Die Zwiebel hinzugeben und 10–12 Minuten braten, bis sie hellbraun wird. Ein wenig davon herausnehmen und zum späteren Garnieren beiseitestellen.
5. Kurkuma, Chilipulver und gemahlenen Koriander in die Pfanne geben und unter ständigem Rühren 1 Minute mitgaren. Den Reis abtropfen lassen und mit etwas Salz und 400 ml Wasser in die Pfanne geben.
6. Zugedeckt aufkochen, dann bei reduzierter Hitze 15 Minuten köcheln lassen.
7. Die Kichererbsen und weitere 250 ml Wasser hinzufügen. Gut umrühren, wieder abdecken und erneut aufkochen, dann die Hitze reduzieren und weitere 20 Minuten köcheln lassen. 5 Minuten vor Ende der Garzeit die Tomate hinzufügen.
8. Vom Herd nehmen und den Deckel abnehmen. Der Reis sollte gar und die Mischung feucht sein, aber nicht nass. Mit Salz und Pfeffer abschmecken.
9. Für die Raita alle Zutaten in einer Schüssel verrühren.
10. Das *Chole Chawal* mit den zurückbehaltenen karamellisierten Zwiebeln und Minzeblättern garnieren. Raita und Zitronenspalten dazu reichen.

Ursprünglich ein russisches Gericht, haben verschiedene Stroganoff-Varianten schnell überall auf der Welt Anklang gefunden – dies ist ein Rezept aus Brasilien: Ein cremiges Schmorgericht, das kräftig mit Senf gewürzt wird. Es ist schnell gekocht, aber hübsch und vor allem lecker genug, dass ihr schon ziemlich damit angeben könnt. Dazu passen wunderbar Reis und frisches grünes Gemüse.

AUBERGINEN-STROGANOFF

FÜR 4 PERSONEN

2 Auberginen, in mundgerechte Stücke geschnitten
2 TL Apfelessig
2 EL Olivenöl
3 Knoblauchzehen, abgezogen und gepresst
1 Zwiebel, abgezogen und gehackt
1 grüne Paprikaschote, entkernt und in mundgerechte Stücke geschnitten
Salz
400 ml rote Nudelsauce (aus dem Glas, Sorte nach Wahl)
2 EL Dijon-Senf
200 ml Haferdrink
gegarter Reis zum Servieren

1. Die Auberginenstücke 10 Minuten in eine Schüssel mit Wasser und dem Essig legen.
2. Das Öl in einer Pfanne erhitzen. Knoblauch und Zwiebel darin bei mittlerer Hitze 8–10 Minuten goldbraun braten.
3. Die Auberginen abtropfen lassen. Zusammen mit den Paprikastücken in die Pfanne geben. Leicht salzen und etwa 10 Minuten weich dünsten.
4. Nudelsauce, Senf und 100 ml Wasser hinzufügen. Gut verrühren und zum Kochen bringen. 3–4 Minuten köcheln lassen.
5. Zum Schluss den Haferdrink einrühren und das Gericht nachsalzen. Noch ein paar Minuten offen einkochen, damit die Sauce eindickt.
6. Mit Reis servieren.

Dieser deftige Eintopf ist das Nationalgericht Argentiniens – und meist sehr fleischlastig. In unserer Variante hat das Gemüse seinen großen Auftritt. In einer kleinen Anspielung auf seine Ursprünge spendieren wir dem Gericht aber auch vegane Chorizo, damit es noch authentischer ist. Serviert es am besten mit knusprigem Brot und bedankt euch bei unserem lateinamerikanischen Team für euer neues go-to-Rezept!

ARGENTINISCHER LOCRO

FÜR 4 PERSONEN

275 g vegane Chorizo (oder ähnliche vegane Würstchen)
2 EL Sonnenblumenöl
1 Zwiebel, abgezogen und in Ringe geschnitten
3 Frühlingszwiebeln, gehackt
½ rote Paprikaschote, entkernt und gewürfelt
2 Knoblauchzehen, abgezogen und gepresst
2 EL Paprikapulver
1 TL Rauchpaprikapulver
2 TL gemahlener Kreuzkümmel
2 EL Tomatenmark
1 Dose (400 g) weiße Riesenbohnen, abgespült und abgetropft
175 g Maiskörner (Dose oder TK)
375 g Kürbis, geschält, entkernt und in mundgerechte Stücke geschnitten
½ Zucchini (grün oder gelb), in mundgerechte Stücke geschnitten
125 g Süßkartoffel, geschält und in mundgerechte Stücke geschnitten
325 ml Gemüsebrühe
Salz und Pfeffer
Quiquirimichi oder eine andere scharfe Chilisauce

1. Falls nötig, die vegane Chorizo zuerst braten. Die Chorizo in Stücke schneiden und beiseitestellen.
2. Das Öl in einem großen Topf erhitzen. Zwiebel, Frühlingszwiebeln und Paprikawürfel darin 6–7 Minuten weich dünsten. Knoblauch, Paprikapulver, Rauchpaprikapulver, Kreuzkümmel und Tomatenmark zugeben und weitere 2–3 Minuten braten.
3. Bohnen, Mais, Kürbis, Zucchini und Süßkartoffeln zugeben und verrühren, sodass das Gemüse mit Gewürzen umhüllt ist.
4. Die Gemüsebrühe zugießen, einen Deckel auflegen und den Eintopf zum Kochen bringen. Bei schwacher Hitze etwa 25 Minuten köcheln lassen, bis das Gemüse schön weich ist.
5. Um die Sauce zu binden, einen Teil des Gemüses pürieren. Die Chorizostücke unterrühren und 1–2 Minuten durchwärmen.
6. Die Chilisauce dazu reichen.

Ist es nicht ein großartiges Gefühl, etwas zuzubereiten, das so direkt im Restaurant serviert werden könnte? Wir werden auch niemandem verraten, wie einfach dieses Sticky Tofu tatsächlich zu machen ist (wenn ihr es auch nicht tut!). Unsere Variante der würzigen, süß-klebrigen Sauce bekommt durch Ingwersaft eine erfrischende Schärfe – also Vorsicht bei der Dosierung.

STICKY TOFU MIT SESAM & INGWER

FÜR 2 PERSONEN

400 g fester Tofu
5 EL Speisestärke
1 TL Knoblauchpulver
1 TL Salz
4 EL Sonnenblumenöl
2 Frühlingszwiebeln, fein gehackt
2 Knoblauchzehen, abgezogen und fein gehackt
1–2 EL Sriracha-Sauce
2 EL dunkle Sojasauce
2 EL Ahornsirup
4 EL Zucker
1 EL geröstetes Sesamöl
½–1 EL Ingwer-Shot (aus dem Kühlregal) oder 1 EL frischer Ingwer, sehr fein gerieben und ausgepresst

ZUM GARNIEREN

2 Frühlingszwiebeln, schräg in Scheibchen geschnitten
frisch gehackter Koriander
Sesamsaat
Limettenspalten

1. Den Tofu abtropfen lassen und auspressen, um so viel Flüssigkeit wie möglich aufzusaugen. (Wer keine Tofupresse hat, wickelt ihn in ein sauberes Geschirrtuch und stellt ein paar Konservendosen darauf.) Den Tofu würfeln.
2. In einer Schüssel 3 EL Speisestärke mit dem Knoblauchpulver und dem Salz vermischen und die Tofuwürfel darin wälzen, bis sie rundum bedeckt sind. (Das wird nicht perfekt gelingen, muss es aber auch nicht.)
3. Das Öl in einer Pfanne erhitzen und den Tofu bei mittlerer Hitze 4–5 Minuten auf allen Seiten braten, bis er goldgelb und knusprig ist. Aus der Pfanne nehmen und beiseitestellen.
4. Frühlingszwiebeln und Knoblauch in derselben Pfanne 1–2 Minuten braten. Sriracha-Sauce, Sojasauce, Ahornsirup, Zucker und 220 ml Wasser hinzugeben und zum Kochen bringen.
5. Die letzten 2 EL Speisestärke in einer kleinen Schüssel mit etwas Wasser glatt rühren, dann die Flüssigkeit in der Pfanne damit binden.
6. Geröstetes Sesamöl und Ingwersaft einrühren und die »sticky« Sauce über den Tofu gießen.
7. Mit Frühlingszwiebelscheibchen, Koriander und Sesam bestreuen und Limettenspalten dazu reichen.

Dal ist ein echter Alleskönner: Es steckt voller Proteine, kostet wenig und ist so lecker. Darum haben wir unser indisches Team um ein Rezept gebeten. Es enthielt ein paar Zutaten, die in Indien ganz einfach zu bekommen sind – bei uns aber leider nicht. Diese Version ist deswegen leicht abgewandelt, sodass ihr die meisten Zutaten wahrscheinlich schon im Vorratsschrank habt. Das Dal ist so sättigend und wärmend, dass wir's (fast) jeden Tag essen könnten – am liebsten mit Reis oder *Roti*.

DAL FÜR JEDEN TAG

FÜR 4 PERSONEN

4 EL Sonnenblumenöl
1 große Zwiebel, abgezogen und gewürfelt
2 Knoblauchzehen, abgezogen und gepresst
1 TL gemahlene Kurkuma
1 TL Chiliflocken
1 Stück Ingwer (3 cm), geschält und gerieben
1 l Salzwasser oder Gemüsebrühe
250 g rote Spaltlinsen, abgespült und abgetropft (siehe Tipp zur Verwendung ganzer roter Linsen)
300 g Süßkartoffeln, geschält und in 2 cm große Stücke geschnitten
1 Dose (400 g) Dose Kidneybohnen, abgespült und abgetropft
100 g frischer Blattspinat, geputzt
Salz und Pfeffer
frisch gehackter Koriander (nach Belieben)

1. Das Öl in einer Pfanne erhitzen. Die Zwiebel darin bei mittlerer Hitze 10–12 Minuten hellbraun braten. Ab und zu umrühren, damit sie nicht anbrennt.
2. Knoblauch, Kurkuma, Chiliflocken und Ingwer hinzufügen und weitere 3 Minuten braten, auch hier regelmäßig umrühren, damit nichts anbrennt. Beiseitestellen.
3. In der Zwischenzeit in einem großen Topf Salzwasser oder Brühe zum Kochen bringen. Die Linsen hineingeben und die Flüssigkeit erneut zum Kochen bringen. Eventuell aufsteigenden Schaum mit einem Löffel abschöpfen, dann die Süßkartoffeln und die Kidneybohnen hinzufügen. Einen Deckel auflegen und alles 10 Minuten garen.
4. Wenn Linsen und Süßkartoffeln weich sind, den Topf vom Herd nehmen und teilweise abgießen. Gerade so viel Flüssigkeit zurückbehalten, dass die Mischung die Konsistenz einer dicken Sauce hat.
5. Gebratene Gewürzzwiebel unterrühren.
6. Den Topf wieder auf den Herd stellen. Den Spinat zugeben und das Dal erhitzen, bis der Spinat zusammenfällt.
7. Mit Salz und Pfeffer abschmecken und nach Belieben mit frischem Koriander garnieren.

Tipp: Anstelle roter Spaltlinsen könnt ihr auch ganze rote Linsen verwenden – die müsst ihr dann allerdings 10 Minuten kochen, bevor ihr Süßkartoffeln und Kidneybohnen hinzufügt. Anschließend könnt ihr einfach nach Rezept weitermachen.

Dieser tolle Eintopf schmeckt besonders gut an einem stürmischen Herbst- oder Winterabend. Und ihr könnt das Rezept ganz einfach abwandeln: Nehmt das Gemüse, das ihr ohnehin gerade im Haus habt. Tauscht die weißen Bohnen durch eine andere Sorte aus. Ersetzt 200 ml der Brühe durch Cider oder Rotwein, um ein besonderes Aroma zu bekommen. Oder verfeinert das Ganze am Ende noch mit Kräutern eurer Wahl. Die Möglichkeiten sind unendlich!

WEISSE BOHNEN MIT WURZELGEMÜSE & KNÖDELN

FÜR 4 PERSONEN

FÜR DIE KNÖDEL
60 g vegane Butter
125 g Mehl
1 TL Backpulver
60 g veganer Käse, gerieben
Salz und schwarzer Pfeffer

FÜR DAS GEMÜSE
2 EL Olivenöl
1 rote Zwiebel, abgezogen und gehackt
1 Selleriestange, fein gehackt
2 Knoblauchzehen, abgezogen und gepresst
1 TL Paprikapulver
½ TL Chilipulver
850 g Wurzelgemüse (z. B. Pastinaken, Kartoffeln, Knollensellerie, Karotten, Kürbis, Süßkartoffeln), in mundgerechte Stücke geschnitten
600 ml Gemüsebrühe (etwas stärker als auf der Packung empfohlen)
1 Lorbeerblatt
1 Dose (400 g) weiße Bohnen, abgespült und abgetropft
1 EL Tomatenmark
1 EL Erdnussmus
1 EL vegane dunkle Sauce oder Bratensauce (z. B. als Pulver oder Granulat)

1. Für die Knödel vegane Butter, Mehl und Backpulver mit den Fingerspitzen zu Bröseln verreiben. Den Käse, 1 EL kaltes Wasser sowie etwas Salz und schwarzen Pfeffer hinzugeben.
2. Alles zügig mit den Händen – nicht länger als nötig – zu einem Teig verarbeiten. Wenn er zu krümelig ist, noch einen ½ EL Wasser hinzufügen. Mit feuchten Händen 12 Klößchen formen, diese dabei wieder so wenig wie möglich bearbeiten. Beiseitestellen.
3. Für das Gemüse das Öl in einem großen Topf erhitzen. Zwiebel und Sellerie bei mittlerer Hitze 8–10 Minuten darin weich dünsten. Knoblauch, Paprika- und Chilipulver zugeben und 2 Minuten mitgaren.
4. Das klein geschnittene Gemüse zugeben und mit den Gewürzen verrühren, dann Brühe und Lorbeerblatt hinzufügen. Den Deckel auflegen und alles zum Kochen bringen, anschließend bei schwacher Hitze 5 Minuten köcheln lassen.
5. Bohnen, Tomatenmark und Erdnussmus unterrühren. Das Saucengranulat in die köchelnde Flüssigkeit rühren, um die Sauce anzudicken.
6. Die Knödel auf das Gemüse legen, dazwischen etwas Platz lassen, damit sie aufgehen können. Den Deckel wieder aufsetzen und den Eintopf weitere 15 Minuten sanft köcheln lassen. Nach etwa der Hälfte der Garzeit einen Holzlöffel an der Seite des Topfs einstechen und das Gemüse vorsichtig beiseiteschieben und prüfen, ob es am Boden noch feucht ist und nicht anbrennt. An anderen Stellen wiederholen. Dabei sollen die Knödel nicht untertauchen. Den Deckel wieder auflegen.
7. Nach 15 Minuten prüfen, ob das Gemüse weich ist. Ansonsten einfach noch etwas länger garen. Die Knödel sollten jetzt aufgegangen sein.
8. Das Gemüse mit den Knödeln servieren.

Dieses einfache Eintopfgericht ist superlecker und sättigend. Es basiert auf dem beliebten griechischen Kartoffeleintopf *Patates Yahni*, aber wir haben noch Auberginen und Oliven hinzugenommen. Was sollen wir sagen: Manchmal lassen sich eben auch Originale noch verbessern. Wir empfehlen dazu frisches Brot – Fladenbrot, Ciabatta oder was immer ihr mögt –, um es in die Sauce zu stippen.

GRIECHISCHER AUBERGINEN-KARTOFFEL-TOPF

FÜR 4 PERSONEN

4 EL Olivenöl
1 rote Zwiebel, abgezogen und in Ringe geschnitten
2 Knoblauchzehen, abgezogen und gepresst
2 Auberginen, in mundgerechte Stücke geschnitten
750 g Kartoffeln, geschält und in mundgerechte Stücke geschnitten
400 g passierte Tomaten
1 EL Tomatenmark
1 Lorbeerblatt
1 TL getrockneter Oregano
350 ml Gemüsebrühe
Salz und schwarzer Pfeffer
75 g entsteinte grüne oder schwarze Oliven, halbiert
frische Petersilie

1. Das Öl in einem großen Topf erhitzen und die Zwiebel bei mittlerer Hitze 7–8 Minuten weich dünsten. Den Knoblauch hinzufügen und 1–2 Minuten mitgaren.
2. Auberginen und Kartoffeln zugeben und gut umrühren. Dann passierte Tomaten, Tomatenmark, Lorbeerblatt, Oregano und Brühe zugeben. Mit Salz und schwarzem Pfeffer abschmecken.
3. Den Deckel auflegen und die Mischung zum Kochen bringen, dann bei schwacher Hitze 30–35 Minuten köcheln lassen.
4. Sobald die Kartoffeln schön weich sind, den Topf vom Herd nehmen und die Oliven unterrühren. Mit Petersilie garnieren und servieren.

Natürlich haben wir auch unser deutsches Team nach Rezepten gefragt – nicht verwunderlich also, dass es ein Gulasch ins Kochbuch geschafft hat! Seine herzhaften Aromen harmonieren wunderbar mit dem cremigen Kartoffelpüree. Erfahrene Köch*innen können Gulasch und Kartoffeln direkt gleichzeitig zubereiten. Für Ungeübte ist es vielleicht einfacher, erst das Gulasch aufzusetzen und sich anschließend den Kartoffeln zuzuwenden. Das Gulasch lässt sich schließlich ganz einfach wieder aufwärmen.

GULASCH MIT KARTOFFELPÜREE

FÜR 4 PERSONEN

FÜR DAS GULASCH

- 4 EL Sonnenblumenöl
- 400 g Räuchertofu, ausgedrückt und gewürfelt
- 200 g normaler Tofu, ausgedrückt und gewürfelt
- 2 große Zwiebeln, abgezogen und gewürfelt
- 2 Knoblauchzehen, abgezogen und gepresst
- 4 EL Tomatenmark
- 1 Prise Zucker
- 2 rote Paprikaschoten, entkernt und in Streifen geschnitten
- 2 TL Rauchpaprikapulver
- 2 TL Paprikapulver rosenscharf
- 200 ml Rotwein
- 300 ml Gemüsebrühe
- 1 Lorbeerblatt
- 4 EL Sojasauce

FÜR DAS KARTOFFELPÜREE

- 1,2 kg mehligkochende Kartoffeln, geschält und in Stücke geschnitten
- 2 EL vegane Butter
- 200 ml vegane Sahne
- 200 ml Pflanzendrink
- Salz und Pfeffer
- ¼ TL frisch geriebene Muskatnuss

1. 2 EL Öl in einer großen Pfanne erhitzen und den Tofu darin rundum anbraten. Aus der Pfanne nehmen und beiseitestellen.
2. Die verbliebenen 2 EL Öl in der Pfanne erhitzen und die Zwiebeln bei mittlerer Hitze 8–10 Minuten glasig dünsten. Den Knoblauch zugeben und 1–2 Minuten mitgaren.
3. Das Tomatenmark dazugeben und etwas anbraten, dabei den Zucker hinzufügen.
4. Paprikastreifen, Rauchpaprika- und Paprikapulver dazugeben und 3–4 Minuten braten, dabei ab und zu umrühren.
5. Wein und Brühe zugießen, das Lorbeerblatt dazugeben und alles zum Kochen bringen.
6. In der Zwischenzeit die Kartoffeln in kochendem Salzwasser etwa 20 Minuten garen. Abgießen und etwas abkühlen lassen, dann durch die Kartoffelpresse drücken.
7. Die vegane Butter in einem Topf schmelzen. Vegane Sahne und Pflanzendrink dazugeben, kurz aufkochen, dann über die Kartoffeln gießen und unterrühren. Das Püree mit Salz, Pfeffer und Muskatnuss abschmecken.
8. Tofu und Sojasauce in die Sauce geben und alles gut durchwärmen.
9. Das Gulasch mit dem Kartoffelpüree servieren.

Dieses geniale Curry ist perfekt für ein schnelles Abendessen unter der Woche. Die Kartoffeln können durch ein anderes festes Gemüse ersetzt werden, die Paprika durch Champignons oder Zucchini, der Blumenkohl durch grüne Bohnen oder Butternusskürbis und die Kichererbsen durch beliebige Hülsenfrüchte aus der Dose. Dieses Rezept lässt also Dutzende von Kombinationen zu. Was immer eure Schränke und Gefrierfächer hergeben, hat hier seinen großen Auftritt. Das Leben ist schon kompliziert genug.

CURRY AUS DEM VORRATSSCHRANK

FÜR 4 PERSONEN

2 EL Sonnenblumenöl
1 große Zwiebel, abgezogen und gewürfelt
1 gelbe Paprikaschote, entkernt und klein geschnitten
2 Knoblauchzehen, abgezogen und gepresst
2 EL Currypulver
500 g Kartoffeln, geschält und in mundgerechte Stücke geschnitten
500 ml Gemüsebrühe
300 g Blumenkohl, in Röschen geteilt
1 Dose (400 g) Kichererbsen, abgespült und abgetropft
75 g schnittfeste Kokoscreme im Block oder bis zu 150 g Kokoscreme aus dem Glas
100 g Blattspinat (frisch oder TK)

1. Das Öl in einer großen Pfanne erhitzen. Zwiebel und Paprikastücke darin 7–8 Minuten anbraten. Knoblauch und Currypulver zugeben und 1–2 Minuten mitbraten.
2. Die Kartoffeln hinzugeben und mit den Gewürzen verrühren, dann die Brühe zugießen.
3. Zum Kochen bringen, abdecken, die Hitze reduzieren und die Kartoffeln 5–6 Minuten garen.
4. Blumenkohl und Kichererbsen hinzugeben, wieder abdecken, aufkochen und weitere 5–6 Minuten köcheln lassen, bis Blumenkohl und Kartoffeln weich sind.
5. Den Herd ausschalten, aber die Pfanne auf dem Herd stehen lassen. Die Kokoscreme einrühren. Wenn sie schmilzt, bindet sie die Sauce. (Falls die Sauce zu dick wird, etwas mehr Wasser oder Brühe einrühren.) Zum Schluss den Spinat unterrühren und warten, bis er zusammenfällt.
6. Nach Belieben Reis oder Brot dazu reichen.

3.

KLEINIG-KEITEN

Mit der Erfindung des Sandwichmakers begannen Menschen, alles Mögliche und Unmögliche zwischen zwei Scheiben Toast zu packen. Einer köstlich-klebrig-cremigen Füllung in geröstetem Brot lässt sich einfach schwer widerstehen! Für dieses ganz und gar nicht unmögliche, sondern superleckere Kichererbsen-Sandwich lohnt es sich, Sandwichmaker oder Kontaktgrill mal wieder aus dem Schrank zu kramen. Oder ihr nehmt einfach eine (Grill-)Pfanne.

KICHERERBSEN-SANDWICH

FÜR 2 SANDWICHES

125 g Kichererbsen (Dose, Abtropfgewicht), abgespült und abgetropft
½ kleine rote Zwiebel, abgezogen und fein gehackt
½ Stange Sellerie, fein gewürfelt
50 g Zuckermais (Dose, Abtropfgewicht), abgetropft
2–3 EL vegane Mayonnaise
2 TL Kapern
½ TL Dijon-Senf
½ EL frisch gehackter Dill oder ½ TL getrockneter Dill
Salz und Pfeffer
vegane Butter
4 Scheiben Sandwichtoast (Vollkorn oder hell)
25 g veganer Käse, gerieben

1. Die Kichererbsen in einer Schüssel mit einer Gabel zerdrücken.
2. Zwiebel, Sellerie, Mais, Mayo, Kapern, Senf und Dill zugeben und mit Salz und Pfeffer würzen.
3. Alle Brotscheiben auf einer Seite mit veganer Butter bestreichen.
4. Zwei Brotscheiben wenden und diese Seite mit der Kichererbsenmischung bestreichen und mit dem geriebenen Käse bestreuen. Die beiden anderen Brotscheiben auflegen, mit der gebutterten Seite nach oben (= außen).
5. Einen Sandwichmaker oder einen Kontaktgrill vorheizen und die beiden Sandwiches darin backen, bis das Brot schön gebräunt ist.
6. Alternativ eine kleine Pfanne erhitzen und die Sandwiches von einer Seite 4–5 Minuten braten, dann gekonnt wenden und von der anderen Seite noch 3–4 Minuten braten.

Zugegeben, Käsesauce kann ihre Tücken haben. Einmal nicht aufgepasst und schon wird sie klumpig, klebt oder brennt an – wenn man Pech hat, alles gleichzeitig. Tatsächlich muss in Schritt 5 ständig gerührt werden, aber das ist eigentlich schon das ganze Geheimnis. Das bisschen Mühe lohnt sich für diese köstlichen Törtchen definitiv. Sie sind perfekt für Picknicks, Partys oder die Lunchbox – und auch bei Kindern kommen sie gut an.

LAUCHTÖRTCHEN MIT MAIS

FÜR 12 TÖRTCHEN

1 kleine Lauchstange, geputzt und in sehr feine Ringe geschnitten
1 EL Olivenöl
40 g vegane Butter, plus etwas mehr zum Einfetten
75 g Zuckermais (Dose oder TK/aufgetaut)
1½ EL Mehl, plus etwas mehr zum Bestäuben
175 ml ungesüßter Pflanzendrink
50 g veganer Reibekäse (schmelzend zum Überbacken)
Salz und Pfeffer
1 Packung frischer veganer Mürbeteig (Kühlregal)

1. Den Backofen auf 180 °C Umluft vorheizen und die Förmchen eines 12er-Muffinblechs mit etwas veganer Butter einfetten. Mit etwas Mehl bestäuben.
2. Den Lauch in dem Olivenöl und 10 g der veganen Butter einige Minuten weich dünsten. Den Mais einrühren, dann beiseitestellen.
3. Für die Käsesauce die restliche vegane Butter in einem Topf bei mittlerer Hitze zerlassen. Das Mehl unterrühren und kurz anschwitzen. Dabei soll sich eine glatte, dicke Paste bilden.
4. Vom Herd nehmen und langsam unter ständigem Rühren den Pflanzendrink zugießen.
5. Jetzt ist Konzentration gefordert. Bereit? Den Topf wieder auf den Herd stellen und die Sauce langsam zum Kochen bringen. Ständig umrühren, damit sich keine Klümpchen bilden. Die Sauce dickt nun ein und wird schön cremig.
6. Sobald die Sauce blubbert, den Topf vom Herd nehmen und den Käse einrühren. Weiterrühren, bis er geschmolzen ist. Lauch und Mais unterheben und die Sauce mit Salz und Pfeffer abschmecken. Beiseitestellen.
7. Mit einem Ausstecher Kreise aus dem Mürbeteig ausstechen und in die eingefetteten Förmchen des 12er-Muffinblechs legen. Die Lauch-Käse-Masse einfüllen (nicht ganz bis zum Rand, da sie sonst überläuft) und die Törtchen 18–20 Minuten backen, bis die Füllung leicht gebräunt ist.
8. Aus dem Ofen nehmen und vor dem Servieren auf einem Kuchengitter etwas abkühlen lassen.

Tipp: Falls euch die leckeren Törtchen farblich zu unscheinbar sind, könnt ihr sie vor dem Servieren mit frisch gehackten Kräutern wie Petersilie bestreuen.

Dieses Rezept kommt von unserem Team aus Großbritannien – und ist ganz schön geschichtsträchtig. *Coronation Chicken* ist ein traditionelles britisches Gericht, das an die Krönung von Elizabeth II. erinnert: Es war nämlich das Highlight beim Krönungsbankett. Seitdem ist es vor allem als Sandwichfüllung beliebt. In der pflanzlichen Version kommen statt *Chicken* proteinreiche *Chickpeas* – also Kichererbsen – zum Einsatz.

CORONATION SANDWICH

FÜR 2 PERSONEN

- 30 g Sultaninen
- 1 rote Zwiebel, abgezogen und fein gehackt
- 1 EL Sonnenblumenöl
- 1 Dose (400 g) Kichererbsen, abgespült und abgetropft
- 1 Knoblauchzehe, abgezogen und gepresst
- 2 TL Currypulver
- ¼ TL gemahlener Ingwer
- 75 g vegane Mayonnaise
- 75 g Sojajoghurt
- 1 EL Mango-Chutney
- 1 Handvoll frischer Koriander oder Petersilie
- Salz und Pfeffer
- 4 Scheiben Brot (oder nur 2 Scheiben für offene Sandwiches)
- Brunnenkresse, kleine Salatblätter oder Microgreens

1. Die Sultaninen 10 Minuten in heißem Wasser einweichen, dann abtropfen lassen und beiseitestellen.
2. Die Zwiebel in dem Öl in einer Pfanne 6–8 Minuten weich dünsten.
3. Kichererbsen, Knoblauch, Currypulver und Ingwer hinzufügen und weitere 4–5 Minuten dünsten, dabei ab und zu umrühren.
4. Die Sultaninen unterheben, dann die Pfanne vom Herd nehmen und die Mischung abkühlen lassen.
5. Die Mischung grob pürieren, dabei einige Kichererbsen ganz lassen. Mayonnaise, Joghurt, Mango-Chutney und frischen Koriander unterrühren, dann mit Salz und Pfeffer abschmecken.
6. 2 Brotscheiben damit bestreichen und mit Brunnenkresse garnieren. Nach Belieben jedes Sandwich mit einer weiteren Brotscheibe abschließen oder als offenes Sandwich genießen.

Schnell, lecker, gesund und auch noch einfach zuzubereiten: Dieses Rezept hat wirklich alles. Statt frischer könnt ihr auch tiefgefrorene grüne Bohnen nehmen, dann verkürzt sich die Kochzeit sogar noch etwas. Die Bohnen sind die perfekte Beilage zum Grillen oder eine unkomplizierte Mahlzeit in Kombination mit Reis, Bulgur oder Brot.

GRÜNE BOHNEN IN TOMATE MIT KÜMMEL

FÜR 4 PERSONEN

2 EL Olivenöl
1 Zwiebel, fein gewürfelt
2 Knoblauchzehen, abgezogen und gepresst
1 TL Kümmelsamen
½–1 TL Chiliflocken
1 Dose (400 g) gehackte Tomaten
125 ml Gemüsebrühe
400 g grüne Bohnen, geputzt
Salz und schwarzer Pfeffer

1. Das Öl in einer Pfanne erhitzen und die Zwiebel darin bei mittlerer Hitze 7–8 Minuten weich dünsten, dann den Knoblauch hinzufügen und 1–2 Minuten mitgaren.
2. Kümmelsamen und Chiliflocken hinzufügen und 1 weitere Minute braten.
3. Dosentomaten, Brühe und Bohnen einrühren und alles kräftig mit Salz mit schwarzem Pfeffer würzen.
4. Zum Kochen bringen, dann abdecken, die Hitze reduzieren und 10–15 Minuten köcheln lassen, je nachdem, ob das Gemüse noch knackig oder ganz weich sein soll. Bei tiefgefrorenen Bohnen für die letzten 3–4 Minuten der Kochzeit den Deckel abnehmen, damit die Sauce eindickt.

Tschüss Würstchen im Schlafrock, hallo Walnüsse in Blätterteig: Diese Häppchen eignen sich perfekt für Lunchpakete, Picknicks, als Beilage zu Salaten oder einfach so als Snack. Statt des veganen Fetas könnt ihr auch einen anderen veganen Käse verwenden, er muss nicht schmelzfähig sein.

BLÄTTERTEIG-HÄPPCHEN MIT WALNÜSSEN

FÜR 4–6 PERSONEN

125 g Walnusskerne
1 EL Olivenöl
1 kleine Lauchstange, geputzt und in feine Ringe geschnitten
½ rote Paprikaschote, entkernt und sehr fein gewürfelt oder gehackt
1 Knoblauchzehe, abgezogen und gepresst
1 EL frisch gehackter Rosmarin oder ½ TL getrockneter Rosmarin
1 EL Tomatenmark
100 g veganer Feta, zerbröselt
Salz und Pfeffer
1 Packung frischer veganer Blätterteig (Kühlregal)
1 EL Pflanzendrink
2 EL helle Sesamsaat (nach Belieben)

1. Den Backofen auf 200 °C Umluft vorheizen.
2. Die Walnüsse in einer Pfanne ohne Fett bei mittlerer Hitze unter ständigem Rühren 5 Minuten goldbraun rösten. Abkühlen lassen und in kleine Stücke brechen oder grob hacken.
3. Das Olivenöl in einer Pfanne erhitzen. Lauch, Paprikawürfel und Knoblauch darin 5 Minuten weich dünsten.
4. Die Walnüsse hinzugeben. Rosmarin, Tomatenmark und Feta unterrühren und mit Salz und Pfeffer abschmecken. Die Masse vollständig abkühlen lassen, weil sie sich dann leichter formen lässt und besser zusammenhält.
5. Den Blätterteig in 3 Rechtecke schneiden. Auf jedes längs in der Mitte ein Drittel der Fetafüllung geben und zu einem Strang formen. Den Teig fest um die Füllung rollen und die lange Naht gut andrücken. Die Rollen mit der Naht nach unten drehen und in handliche Häppchen schneiden. Herausgedrückte Füllung wieder in die Teigrolle pressen.
6. Jedes Häppchen mit etwas Pflanzendrink bepinseln und nach Belieben mit Sesam bestreuen.
7. Ein Backblech mit Backpapier auslegen. Die Röllchen mit der Naht nach unten darauflegen und 20–25 Minuten backen, bis sie goldbraun sind.
8. Aus dem Ofen nehmen und vor dem Servieren etwas oder vollständig abkühlen lassen.

Achtung, Achtung: Diese Blumenkohl-Wings sind ganz schön spicy, aber sie schmecken fantastisch, und der erfrischende, cremige Dip löscht das Feuer. Sie sind eines unserer Lieblings-Fingerfoods, und wir sind sehr sicher, dass sie auch euch überzeugen werden.

BLUMENKOHL-WINGS MIT DILL-DIP

FÜR 4 PERSONEN

FÜR DIE WINGS
180 ml Pflanzendrink
120 g Mehl
1 EL Knoblauchpulver
1 EL Zwiebelpulver
½ TL Salz
1 großer Blumenkohl, in Röschen zerteilt
1 EL vegane Butter
200 ml scharfe Chilisauce

FÜR DEN DILL-DIP
100 g vegane Mayonnaise
100 g vegane Crème fraîche
½ EL frisch gehackter Dill
½ EL frisch gehackte Petersilie
½ EL frisch gehackter Schnittlauch
¼ TL Zwiebelpulver
¼ TL Knoblauchpulver
Salz und Pfeffer

1. Den Backofen auf 220 °C Umluft vorheizen. Ein Backblech mit Backpapier auslegen.
2. Pflanzendrink, Mehl, Knoblauchpulver, Zwiebelpulver und Salz in einer großen Schüssel glatt rühren.
3. Den Blumenkohl in die Schüssel geben und die Röschen in dem Teig wenden, bis sie ganz damit überzogen sind.
4. Die Blumenkohlröschen etwas abtropfen lassen und auf dem Backblech verteilen. Sie dürfen sich nicht berühren. 15 Minuten im Ofen backen, nach der Hälfte der Zeit wenden.
5. In der Zwischenzeit die vegane Butter schmelzen und mit der Chilisauce verrühren.
6. Den nun teilweise gegarten Blumenkohl in der buttrigen Sauce schwenken und weitere 20 Minuten im Ofen backen, bis er gar und knusprig ist.
7. Derweil Mayo und Crème fraîche verquirlen, dann alle übrigen Zutaten für den Dip unterrühren. Bis zur Verwendung in den Kühlschrank stellen.
8. Die Blumenkohl-Wings heiß mit dem Dip servieren.

Diese Pizzen kosten wenig und sind einfach zuzubereiten, aber für den Teig müsst ihr etwas Zeit einplanen. Wenn es mal schnell gehen soll, könnt ihr auch ein bisschen mogeln und gekaufte Pita-Brote als Boden verwenden. Und als tomatige Basis eignen sich auch fertiger Bruschetta-Aufstrich oder Tapenade.

FLADENBROT-PIZZA

FÜR 4 PIZZEN

- 250 g Weizenmehl Type 550 plus etwas mehr zum Arbeiten
- 1 TL Salz
- 1 TL Trockenhefe
- 2 TL Olivenöl, plus etwas mehr zum Einfetten der Schüssel
- 8 EL Paste aus sonnengetrockneten Tomaten, Tomatenmark oder rote Pizzasauce
- Pizzabeläge nach Wahl: Tomatenscheiben, Paprikastreifen, rote Zwiebelringe, Ananasstückchen, Kapern, Oliven, vegane Wurst, Pinienkerne, Spinat, Pilze, Mais, Jalapeños, ...
- 100 g veganer Käse, gerieben (eine gut schmelzende Sorte)

1. Mehl, Salz und Hefe in einer großen Schüssel mischen.
2. 160 ml lauwarmes Wasser und Öl in eine separate Schüssel geben, dann die feuchten Zutaten zu den trockenen gießen und mit einem Holzlöffel vermischen.
3. Den Teig mit den Händen kurz kneten, bis er zusammenhält. Auf eine leicht bemehlte Fläche geben und 5–10 Minuten kneten, bis er glatt und geschmeidig ist.
4. Eine Schüssel leicht einölen und den Teig hineinlegen. Mit einem sauberen Geschirrtuch abdecken und 1 Stunde ruhen lassen, bis sich das Volumen verdoppelt hat.
5. Den Backofen auf 220 °C Umluft vorheizen und ein Backblech hineinschieben.
6. Den Teig in vier gleich große Portionen teilen. Jede mit den Händen zu einer Kugel rollen, dann mit einem Nudelholz oval auf etwa 20 cm Länge ausrollen.
7. Das erhitzte Backblech vorsichtig mit etwas Mehl bestäuben oder ein Backpapier darauflegen, dann die Fladen auf das Blech legen und 4–5 Minuten backen.
8. Die Brote aus dem Ofen nehmen – sie werden schon etwas aufgegangen sein. Mit der Tomatenpaste bestreichen, nach Belieben belegen und zum Schluss mit dem veganen Käse bestreuen. Wieder in den Backofen schieben und 8–10 Minuten backen, bis die Teigränder anfangen, braun zu werden.
9. Sofort servieren.

Wir mögen diese einfachen, würzigen Maispuffer auch ohne alles, aber mit der süß-scharfen Sauce schmecken sie noch um Längen besser. Wenn die Sauce nicht zu scharf ist – und das könnt ihr bei der Zubereitung ja selbst bestimmen –, sind sie außerdem ein super Gericht für Kinder.

MAISPUFFER MIT MILDER CHILISAUCE

FÜR 4 PERSONEN

FÜR DIE CHILISAUCE
- 1 EL Speisestärke
- 100 ml Reisweinessig
- 175 g Zucker
- 2 rote Chilis, fein gehackt
- 1 Stück Ingwer (3 cm), geschält und gerieben
- 1 Knoblauchzehe, abgezogen und gepresst
- 1 EL dunkle Sojasauce
- 1 EL Tomatenketchup
- ½ TL Salz

FÜR DIE MAISPUFFER
- 3 EL gemahlene Leinsamen
- 120 g Mehl
- 2 TL Backpulver
- 1–2 TL Chiliflocken (nach Geschmack)
- 225 ml Pflanzendrink
- 200 g Maiskörner (Dose oder TK), abgetropft
- 6 Frühlingszwiebeln, in dünne Ringe geschnitten
- 1 Handvoll Koriander, fein gehackt
- Salz und Pfeffer
- Öl zum Braten

1. Für die Chilisauce die Speisestärke mit 2 EL Wasser glatt rühren. Beiseitestellen.
2. Alle übrigen Zutaten für die Chilisauce sowie 50 ml Wasser in einem Topf zum Kochen bringen, dann bei schwacher Hitze 5 Minuten köcheln lassen. Die angerührte Speisestärke zugeben.
3. Unter Rühren sprudelnd kochen, bis die Sauce eindickt. Vom Herd nehmen und abkühlen lassen.
4. Für die Maispuffer die Leinsamen in einer kleinen Schüssel mit 6 EL warmem Wasser verrühren und 5 Minuten quellen lassen.
5. In einer Rührschüssel Mehl, Backpulver und Chiliflocken (Menge nach Geschmack) vermischen.
6. Pflanzendrink und gequollene Leinsamen unterrühren und alles zu einem Teig verarbeiten.
7. Mais, Frühlingszwiebeln und frischen Koriander einrühren. Mit Salz und Pfeffer abschmecken.
8. Das Öl in einer beschichteten Pfanne erhitzen. Gut esslöffelgroße Kleckse Teig hineingeben und bei mittlerer bis starker Hitze von jeder Seite 3 Minuten braten, bis sie gebräunt sind.
9. Auf Küchenpapier abtropfen lassen. Mit der Chilisauce beträufeln oder die Sauce separat dazu servieren.

Ein Hinweis zu Chilis: Die in Supermärkten erhältlichen Chilis sind oft relativ mild. Wer gern schärfer isst, nimmt Vogelaugen-Chilis, und wer es richtig feurig mag, lässt die Kerne drin. Natürlich könnt ihr auch weniger Chilis oder eine milde Sorte verwenden.

Als leichte Sommermahlzeit ist dieses Gericht unschlagbar. Frisches, aromatisches Gemüse, beträufelt mit einer cremigen Sesamsauce – unwiderstehlich!

GRÜNES SOMMERGEMÜSE MIT LIMETTE & TAHIN

FÜR 2 PERSONEN ALS HAUPTGERICHT ODER FÜR 4 PERSONEN ALS BEILAGE

FÜR DAS SOMMERGEMÜSE

250 g grüner Spargel, holzige Enden abgeschnitten
200 g Brokkolini
200 g grüne Bohnen, geputzt
3 EL Olivenöl
Salz und Pfeffer
abgeriebene Zesten von 1 Zitrone (bio)

FÜR DIE SESAMSAUCE

1 TL Agavendicksaft
Saft und abgeriebene Schale von 2 Limetten (bio)
70 g Tahin
¼ TL Salz

1. Den Backofen auf 200 °C Umluft vorheizen.
2. Das Gemüse auf ein Backblech legen, mit dem Öl beträufeln und mit Salz und Pfeffer würzen.
3. 20 Minuten im Ofen backen, bis das Gemüse gar, aber noch bissfest ist, dabei nach der Hälfte der Zeit wenden.
4. In der Zwischenzeit für die Sesamsauce Agavendicksaft, Limettensaft und -schale mit Tahin und Salz verrühren. Mit (wenig) Wasser bis zur gewünschten Konsistenz verdünnen.
5. Das Gemüse mit den Zitronenzesten bestreuen und mit der Sesamsauce beträufeln oder diese separat dazu reichen.

Unser Team aus den USA zeigt euch mit diesem Rezept, wie lecker und unkompliziert Gemüsegerichte sind: Zum Belegen der Wraps könnt ihr so ziemlich jede Gemüsesorte nehmen, die gerade Saison hat oder im Haus ist. Nur den Frischkäse-Dip mit Knoblauch solltet ihr auf keinen Fall auslassen!

GEMÜSE-WRAPS

FÜR 4 PERSONEN

FÜR DIE FÜLLUNG
2 EL Olivenöl
1 Zwiebel, abgezogen und gewürfelt
2 Knoblauchzehen, abgezogen und gepresst
1 Zucchini, gewürfelt
2 geröstete rote Paprika (aus dem Glas), gehackt
200 g Champignons, in Scheiben geschnitten
Salz und Pfeffer

FÜR DEN FRISCHKÄSE-DIP
100 g veganer Frischkäse
2 EL Zitronensaft
1 Knoblauchzehe, abgezogen und gepresst
1 TL Chiliflocken

ZUM SERVIEREN
4 Tortilla-Wraps
1 Handvoll Babyspinat oder Rucola
100 g Tomaten, gewürfelt

1. Für die Füllung das Olivenöl in einer großen Pfanne erhitzen und die Zwiebel darin 4–5 Minuten weich dünsten.
2. Knoblauch, Zucchini, Paprika und Pilze hinzufügen, salzen und pfeffern. Weitere 15 Minuten dünsten, dabei ab und zu umrühren.
3. In der Zwischenzeit den veganen Frischkäse in einer Schüssel mit Zitronensaft, Knoblauch und Chiliflocken verrühren. Mit Salz abschmecken.
4. Zum Servieren die Tortillas in einer Pfanne ohne Fett bei mittlerer Hitze 1 Minute erwärmen. Den Frischkäse-Dip auf den Tortillas verstreichen, ein paar Blätter Spinat daraufgeben und dann das Gemüse darauf verteilen. Mit Tomatenwürfeln bestreuen und die Wraps aufrollen.
5. In der noch heißen Pfanne von jeder Seite 1 Minute erhitzen, dann in der Mitte schräg durchschneiden.
6. Die Wraps pur genießen oder – wie unsere Kolleg*innen in den USA – mit Pommes frites servieren.

Diese leckere warme Bowl ist gesund und sättigt gut – ein Multitalent also. Vor allem aber ist sie sehr wandlungsfähig. Ihr wollt Tofu oder Bohnen hinzufügen? Nur zu! Müssen ein paar Karotten verarbeitet werden? Schiebt sie einfach mit in den Backofen. Soll es statt eines pikanten Dressings lieber eine würzige Erdnusssauce sein? Warum nicht?

GEMÜSE-BOWL MIT REIS & QUINOA

FÜR 4 PERSONEN

FÜR DIE BOWL

450 g Süßkartoffeln, geschält und in 2 cm dicke Würfel geschnitten
2 rote Zwiebeln, abgezogen und in Ringe geschnitten
1 EL Olivenöl
275 g Express-Vollkornreis
125 g Quinoa
80 g Grünkohl ohne harte Stiele, gehackt
4 Äpfel, entkernt und in Scheiben geschnitten
100 g geröstete und gesalzene Mandeln, grob gehackt
Salz und Pfeffer

FÜR DAS DRESSING

100 g veganer Joghurt
50 ml Balsamico-Essig
1 TL Dijon-Senf
1 TL Ahornsirup
Saft von ½ Zitrone
2 EL Olivenöl

1. Den Backofen auf 220 °C Umluft vorheizen.
2. Süßkartoffelwürfel und Zwiebelringe (sowie weiteres Gemüse, falls verwendet) in einer großen Schüssel mit Öl, Pfeffer und Salz mischen. Auf ein großes Backblech geben und im Ofen 25–30 Minuten rösten, dabei nach der Hälfte der Zeit wenden.
3. Vollkornreis und Quinoa in einem großen Topf mit 850 ml Wasser verrühren und zum Kochen bringen. Zugedeckt 20 Minuten garen. Gegen Ende der Zeit darauf achten, dass die Mischung nicht austrocknet und anbrennt. Vom Herd nehmen und weitere 20 Minuten quellen lassen. Dabei saugen die Körner das restliche Wasser auf und werden schön locker.
4. Alle Zutaten für das Dressing, bis auf das Olivenöl, in einer kleinen Schüssel verrühren. Langsam und unter ständigem Rühren das Olivenöl zugießen.
5. Reis und Quinoa in eine große Servierschale oder direkt in 4 Portionsschalen füllen. Ofengemüse, Grünkohl, Apfel und Mandeln dekorativ darauf anrichten. Mit dem Dressing beträufeln und servieren.

4.

SALATE

Dieses Rezept kommt von unserem US-Team – also waschechten Expert*innen in Sachen Caesar Salad, schließlich ist er in den USA fast sowas wie ein Nationalgericht. Der leicht rauchige Geschmack des gebackenen Salats, die Süße des Ahornsirups und die Säure des Dressings harmonieren perfekt. Und falls ihr beim Einkauf pflanzliche Bacon-Würfel entdeckt, solltet ihr sie mal mitnehmen und als Topping probieren.

GEGRILLTER CAESAR SALAD

FÜR 2 PERSONEN ALS LEICHTE MAHLZEIT, FÜR 4 PERSONEN ALS BEILAGE ODER VORSPEISE

FÜR DEN SALAT

60 ml Olivenöl, plus 2 EL zum Grillen
1 EL Ahornsirup
100 g Brot, in ca. 2 cm dicke Würfel geschnitten
2 Köpfe Romanasalat
30 g veganer Parmesan
Salz und Pfeffer

FÜR DAS DRESSING

100 g vegane Mayonnaise
Saft von ½ Zitrone
2 EL Hefeflocken
1 EL Dijon-Senf
1 EL Kapern
½–1 Knoblauchzehe, abgezogen und gepresst

1. Den Backofen auf 170 °C Umluft vorheizen.
2. In einer großen Schüssel das Olivenöl und den Ahornsirup verquirlen und mit Salz und Pfeffer würzen.
3. Die Brotwürfel in dieser Mischung schwenken, dann nebeneinander auf einem Backblech verteilen und 25 Minuten backen, nach der Hälfte der Zeit wenden. Aus dem Ofen nehmen und beiseitestellen.
4. Den Grill auf mittlerer Stufe vorheizen. Die Salatköpfe längs halbieren. Die Schnittflächen mit dem zusätzlichen Olivenöl bepinseln und mit Salz und Pfeffer bestreuen. Mit der Schnittfläche nach oben grillen, bis die Schnittkanten beginnen, schwarz zu werden. Vorsichtig (heiß!) herausnehmen und abkühlen lassen.
5. Alle Zutaten für das Dressing in einer Schüssel verquirlen und mit Salz und Pfeffer abschmecken. Falls nötig, mit etwas Wasser bis zur gewünschten Konsistenz verdünnen.
6. Zum Servieren den Salat auf einer Platte anrichten, mit den abgekühlten Croûtons und dem veganen Parmesan bestreuen und mit dem Dressing beträufeln.

Dieser texanische Salsa-Salat aus Bohnen und Mais wird mit einem frischen Limettendressing angemacht. Er ist schnell und kinderleicht zuzubereiten und eignet sich hervorragend für Grillpartys und Picknicks, oder wenn unerwartet viele Leute vorbeikommen. Und ihr braucht nicht einmal Löffel: Nehmt einfach Tortilla-Chips!

COWBOY CAVIAR

FÜR 6–8 PERSONEN

FÜR DEN SALAT

1 Dose (400 g) schwarze Bohnen, abgespült und abgetropft
1 Dose (400 g) Augenbohnen, abgespült und abgetropft
1 Dose (400 g) Mais, abgespült und abgetropft
¼ rote Zwiebel, abgezogen und fein gehackt
1 rote Paprikaschote, entkernt und gehackt
15 Kirschtomaten, geviertelt
1 frischer grüner Chili, fein gewürfelt (nach Belieben)

FÜR DAS DRESSING

30 ml Olivenöl
Saft von 2 Limetten
1 TL Agavendicksaft
1 Knoblauchzehe, abgezogen und gepresst
Salz und Pfeffer

1. Beide Bohnensorten und Mais in einer großen Schüssel mischen. Gehackte Zwiebel, rote Paprika, Tomaten und Chili (falls verwendet) zugeben.
2. Alle Zutaten für das Dressing in einem Schraubdeckelglas schütteln oder in einer Schüssel verrühren.
3. Das Dressing über den Bohnensalat gießen und gut umrühren.

Ein Hinweis zu Chilis: Die in Supermärkten erhältlichen Chilis sind oft relativ mild. Wer gern schärfer isst, nimmt Vogelaugen-Chilis, und wer es richtig feurig mag, lässt die Kerne drin. Natürlich könnt ihr auch weniger Chilis oder eine milde Sorte verwenden.

PALLARES
SOLSONA
INOX

Ceviche ist ein peruanischer Salat mit Fisch, den wir in dieser pflanzlichen Version einfach durch Palmherzen austauschen. So wird er genauso aromatisch. Ein herrliches, farbenfrohes Sommergericht, das sich perfekt mit Tortilla-Chips, Fladenbrot oder Reiswaffeln essen lässt. Palmherzen könnt ihr in vielen Supermärkten in Dosen oder Gläsern finden.

CEVICHE MIT PALMHERZEN

FÜR 4 PERSONEN

1 Dose (400 g) Palmherzen, abgespült und abgetropft
2 Tomaten, gewürfelt
1 Avocado, geschält, entkernt und gewürfelt
½ gelbe Paprikaschote, entkernt und fein gewürfelt
¼ Salatgurke, gewürfelt
4 Frühlingszwiebeln, in Ringe geschnitten
1 frischer grüner Chili, fein gewürfelt (nach Belieben)
3 EL Olivenöl
Saft von 1 Limette
Salz und Pfeffer
20 g frischer Koriander, gehackt

1. Die Palmherzen mit Küchenpapier abtupfen und in eine mittelgroße Schüssel geben. Mit zwei Gabeln fein zerkleinern.
2. Tomaten, Avocado, Paprika, Gurke, Frühlingszwiebeln und Chili ebenfalls in die Schüssel geben. Vorsichtig umrühren.
3. Olivenöl und Limettensaft hinzufügen und unterheben. Mit Salz und Pfeffer würzen. Anschließend mindestens 30 Minuten in den Kühlschrank stellen, damit sich alle Aromen verbinden können.
4. Mit Koriander garniert servieren.

Ein Hinweis zu Chilis: Die in Supermärkten erhältlichen Chilis sind oft relativ mild. Wer gern schärfer isst, nimmt Vogelaugen-Chilis, und wer es richtig feurig mag, lässt die Kerne drin. Natürlich könnt ihr auch weniger Chilis oder eine milde Sorte verwenden.

Normalerweise wird dieses klassische libanesische Gericht mit Bulgur zubereitet. Wir haben zur Abwechslung Buchweizen verwendet, weil wir seinen nussigen Geschmack und seine Konsistenz so gern mögen. Mit den vielen frischen Kräutern ist dies ein toller Sommersalat. Wer ihn milder mag, verwendet weniger Zitronensaft.

TABOULÉ MIT BUCHWEIZEN

FÜR 2 PERSONEN ALS HAUPTGERICHT ODER FÜR 4 PERSONEN ALS BEILAGE

75 g gerösteter Buchweizen
12 Kirschtomaten, geviertelt
30 g frisch gehackte Petersilie
1 Handvoll frische Minze, fein gehackt
3 Frühlingszwiebeln, in 5 cm lange Stücke, dann in dünne Streifen geschnitten
Saft von 1–1½ Zitronen
3 EL Olivenöl
Salz und Pfeffer
1 Landgurke, eine Handvoll Salatblätter und 1 Zitrone
Fladenbrot als Beilage

1. Den gerösteten Buchweizen in Brühe oder Wasser etwa 10 Minuten kochen (zwei Teile Flüssigkeit auf einen Teil Buchweizen). Gegebenenfalls abgießen, dann abkühlen lassen.
2. Den Buchweizen in einer Schüssel mit Tomaten, Petersilie, Minze und Frühlingszwiebeln mischen.
3. In einer separaten kleinen Schüssel den Zitronensaft mit Olivenöl, Salz und Pfeffer verrühren. Über den Buchweizen gießen und gründlich mischen.
4. Gurke und Salatblätter putzen, klein schneiden und als Salatgarnitur anrichten. Zum Taboulé Zitronenspalten und Fladenbrot reichen.

Vor allem unser deutsches Team findet: Es gibt keinen schlechten Kartoffelsalat. Doch diese Variante mit würzigem Dressing und nur einem Hauch Mayonnaise ist wirklich eine der besten. Perfekt bei Grillpartys und anderen Festen. Ihr könnt den Salat aber auch zum Picknick oder ins Büro mitnehmen.

KARTOFFELSALAT FÜR ALLE GELEGENHEITEN

FÜR 4 PERSONEN ALS BEILAGE

500 g kleine festkochende Kartoffeln, gründlich abgebürstet
4 EL Pflanzenöl
3 EL vegane Mayonnaise
2 TL mittelscharfer Senf
2 EL Weißweinessig
1 TL Ahornsirup oder Agavendicksaft
175 ml Gemüsebrühe
½ Zwiebel, abgezogen und fein gewürfelt
4 Gewürzgurken, längs halbiert, dann in Scheiben geschnitten
1 Handvoll frische Petersilie, gehackt
75 g Radieschen, halbiert, dann in Scheiben geschnitten
Salz und Pfeffer

1. Wenn die Kartoffeln nicht gleich groß sind, die größeren halbieren, ansonsten ganz lassen. Die Kartoffeln in einen großen Topf mit Salzwasser geben und zum Kochen bringen. Die Kartoffeln mit Deckel köcheln lassen, bis sie gar, aber nicht zu weich sind. Das dauert je nach Größe 20–25 Minuten.
2. In der Zwischenzeit für das Dressing Öl, Mayonnaise, Senf, Weißweinessig und Sirup gut verrühren. Mit Salz und Pfeffer würzen.
3. Die gegarten Kartoffeln vom Herd nehmen, abgießen und etwas abkühlen lassen. Wenn die Schale dünn ist, darf sie nach Geschmack dranbleiben. Ältere, dickere Schalen sollten auf jeden Fall entfernt werden.
4. Die Kartoffeln noch lauwarm in Scheiben schneiden und in eine große Schüssel geben.
5. Gemüsebrühe, Zwiebel, Gewürzgurken und das Dressing dazugeben, gut vermengen und etwa 10 Minuten ziehen lassen. Dann die Petersilie und die Radieschen dazugeben, nochmals mischen, final abschmecken und servieren.

Dies ist ein Rezept für alle, die auf der Suche nach einer modernen, leichten Variante für einen Nudelsalat sind. Geröstete Tomaten, Knoblauch, Basilikum und natürlich die Zitronenschale geben ihm seinen frischen mediterranen Touch. Weil das Gericht auch warm schmeckt, könnt ihr es außerdem nach Art eines Risottos als Hauptgericht servieren.

ORZO MIT GERÖSTETEN TOMATEN & ZITRONE

FÜR 2 PERSONEN ALS HAUPTGERICHT ODER FÜR 4 PERSONEN ALS BEILAGE

300 g Kirschtomaten
4 ganze Knoblauchzehen, nicht abgezogen
Olivenöl
200 g Orzo (reisförmige Nudeln, auch Risoni oder Kritharaki genannt)
abgeriebene Schale von 1 Zitrone (bio)
10 g frische Basilikumblätter, zerpflückt
30 g geröstete Haselnusskerne, grob gehackt (nach Belieben)
Salz und Pfeffer

1. Den Backofen auf 160 °C Umluft vorheizen.
2. Tomaten und Knoblauchzehen in eine ofenfeste Form geben, mit etwas Olivenöl beträufeln und mit Salz und Pfeffer würzen. In den Backofen schieben und 20 Minuten rösten.
3. In der Zwischenzeit die Nudeln gemäß Packungsanweisung kochen. Abgießen und zum Abkühlen beiseitestellen.
4. Sobald Tomaten und Knoblauch weich sind, aus dem Ofen nehmen und ebenfalls abkühlen lassen.
5. Den gerösteten Knoblauch aus der Schale drücken und so fein wie möglich hacken oder zerdrücken. In einer kleinen Schüssel mit 3 EL Olivenöl und der Zitronenschale vermischen. Salzen und pfeffern.
6. Die Tomaten samt ausgetretenem Saft mit den Orzo vermengen. Das Basilikum dazugeben und mit dem Dressing übergießen. Gründlich vermischen.
7. Die Haselnüsse, falls verwendet, darüberstreuen, das verleiht dem Salat etwas mehr Crunch.

Dieser Reissalat kombiniert die Aromen von Orange, Dill, Kapern und süßem Ahornsirup. Er ist eine ganz besondere Beilage – zum Beispiel beim Grillen –, kann aber auch fantastisch auf einem Bett aus frischem grünen Salat gegessen werden. Falls ihr keine Fans von Wildreis seid, ersetzt ihn einfach durch eure liebste Reissorte.

FENCHELSALAT MIT ROTEN BETEN & WILDREIS

FÜR 2 PERSONEN ALS HAUPTGERICHT ODER FÜR 4 PERSONEN ALS BEILAGE

FÜR DEN SALAT

3 Rote Beten, geschält und in Spalten geschnitten
Olivenöl
2 Fenchelknollen, die harten äußeren Blätter entfernt, in Spalten geschnitten
1 EL Balsamico-Essig
150 g Wildreis
1 Orange, geschält und filetiert
Saft von 1 Orange
3 EL Ahornsirup
Salz und Pfeffer

FÜR DAS DRESSING

100 g Sojajoghurt
Saft von ½ Orange
1 EL Kapern
1 EL frisch gehackter Dill

1. Den Backofen auf 190 °C Umluft vorheizen.
2. Die Rote-Bete-Stücke in einem Bräter verteilen, mit etwas Olivenöl beträufeln und mit Salz und Pfeffer würzen.
3. Den Fenchel in einen separaten Bräter geben und mit Olivenöl und Balsamico-Essig beträufeln. Mischen und ebenfalls würzen.
4. Rote Bete und Fenchel in den Backofen schieben und 40 Minuten backen, nach der Hälfte der Zeit umrühren oder wenden.
5. In der Zwischenzeit den Wildreis nach Packungsanweisung garen (normalerweise etwa 30 Minuten). Vom Herd nehmen, abgießen und abkühlen lassen.
6. Für das Dressing alle Zutaten verrühren, salzen und pfeffern und bis zur Verwendung in den Kühlschrank stellen.
7. Das gegarte Gemüse aus dem Ofen nehmen und abkühlen lassen. Mit dem Wildreis und den Orangenfilets mischen.
8. Orangensaft und Ahornsirup in einer kleinen Schüssel verrühren. Über den Salat gießen und gründlich vermengen.
9. Zum Schluss das Joghurt-Dressing darüberträufeln oder separat dazu reichen.

Dieser Salat enthält typische Zutaten des Winters: Esskastanien, Orangen und mit Ahornsirup gerösteten Kürbis. Die süßen Aromen bilden einen reizvollen Kontrast zum zartbitteren Chicorée. Ihr könnt den Salat lauwarm oder kalt servieren.

WINTERSALAT

FÜR 2 PERSONEN ALS HAUPTGERICHT ODER FÜR 4 PERSONEN ALS BEILAGE

4 Köpfe Chicorée
Olivenöl
300 g Hokkaido oder Butternusskürbis, entkernt, geschält (siehe Tipp) und in 1–2 cm dicke Würfel geschnitten
2 EL Ahornsirup
1 EL Sesamöl
½ TL gemahlener Zimt
180 g gegarte Esskastanien (vakuumiert), grob gehackt
2 EL Pinienkerne
1 Orange, geschält und filetiert
25 g Walnusskerne, grob gehackt
1 EL frische Thymianblättchen (nach Belieben)
Salz und Pfeffer

1. Den Backofen auf 170 °C Umluft vorheizen.
2. Den Chicorée längs vierteln und in einen Bräter legen. Mit Olivenöl beträufeln und mit Salz und Pfeffer würzen.
3. Die Kürbiswürfel in eine Schüssel geben. Ahornsirup, 1 EL Olivenöl, Sesamöl und Zimt hinzufügen. Gut vermischen.
4. Den Kürbis in einen zweiten Bräter geben. Beide Gemüsesorten 30–35 Minuten im Backofen garen.
5. Nach der Hälfte der Garzeit den Chicorée umdrehen und die gehackten Esskastanien zum Kürbis geben.
6. In der Zwischenzeit die Pinienkerne in einer heißen beschichteten Pfanne ohne Fett rösten. Sie sollten in weniger als 1 Minute goldbraun sein. Sofort in eine kleine Schüssel füllen, um den Röstvorgang abzubrechen. Beiseitestellen.
7. Kürbis, Esskastanien und Chicorée aus dem Ofen nehmen, sobald der Kürbis weich ist. Etwas abkühlen lassen, dann mit den Orangenfilets und den Walnüssen vermengen und mit den gerösteten Pinienkernen und den Thymianblättern garnieren. Nach Belieben mit Olivenöl beträufeln und nochmals mit Salz und Pfeffer würzen.

Tipp: Wenn ihr einen Hokkaido-Kürbis verwendet, könnt ihr euch sogar das Schälen sparen. Auch die Schale vom Butternusskürbis könnt ihr mitessen – sie wird je nach Exemplar allerdings nicht ganz so weich wie die vom Hokkaido.

In den 70ern wurde auf Partys fast alles in, auf oder unter einer Ananas serviert. Das waren noch Zeiten! Etwas moderner kommt dieser süß-würzige Salat mit Quinoa und Tahin daher. Wenn es gerade keine frische Ananas gibt, probiert's mal mit Ananas aus der Dose. Und auch die Quinoa könnt ihr zum Beispiel durch Couscous oder Reis ersetzen.

BUNTER SALAT MIT ANANAS

FÜR 2 PERSONEN

35 g Quinoa
50 g Tahin
Saft von 2 Limetten
½ TL gemahlener Kreuzkümmel
½ TL Chilipulver (nach Belieben)
1 reife Ananas
75 g gekochte grüne Linsen (Dose)
¼ rote Zwiebel, fein gehackt
50 g Rotkohl, fein geraspelt
1 Karotte, gerieben
1 Handvoll frischer Koriander oder Petersilie, gehackt
1 Prise Chiliflocken (nach Belieben)

1. Die Quinoa nach Packungsanweisung kochen. Zum Abkühlen beiseitestellen.
2. In der Zwischenzeit für das Dressing Tahin, Limettensaft, Kreuzkümmel und Chilipulver (falls verwendet) in einer kleinen Schüssel verrühren, dann mit 1–2 EL Wasser verdünnen. Beiseitestellen.
3. Die Ananas längs halbieren und den holzigen Kern herausschneiden, dann das Fruchtfleisch so herausschaben oder -schneiden, dass die Schale intakt bleibt und später zum Servieren verwendet werden kann.
4. Das Ananasfruchtfleisch in kleine Stücke schneiden und in eine große Schüssel geben. Die abgekühlte Quinoa untermischen. Linsen, rote Zwiebel, Rotkohl und Karotte hinzufügen. Mit dem Sesamdressing übergießen und alles gut vermengen. In die halben Ananasschalen füllen.
5. Mit den frischen Kräutern und nach Belieben mit Chiliflocken bestreut servieren.

Dieser Salat ist in wenigen Minuten zubereitet, schmeckt aber herrlich und sieht aus, als hättet ihr euch richtig viel Mühe geben müssen. Er passt gut zu Gegrilltem, und in einer dichten Box könnt ihr ihn auch prima zum Picknick oder in die Arbeit mitnehmen, denn selbst ungekühlt bleibt er ein paar Stunden in Topform.

PIKANTER KICHERERBSENSALAT

FÜR 2 PERSONEN ALS HAUPTGERICHT ODER FÜR 4 PERSONEN ALS BEILAGE

3 EL Tahin
Saft von 1 Zitrone
1 TL gemahlener Kreuzkümmel
1 TL Cayennepfeffer
1 TL Salz
2 Dosen (à 400 g) Kichererbsen, abgespült und abgetropft
½ rote Zwiebel, abgezogen und fein gewürfelt
½ rote Paprika, entkernt und gewürfelt
¼ Salatgurke, gewürfelt
50 g Brunnenkresse
1 Handvoll frische Minzeblätter, fein gehackt

1. Für das Dressing Tahin, Zitronensaft, Kreuzkümmel, Cayennepfeffer und Salz verrühren. Eventuell noch mit etwas Wasser verdünnen.
2. Kichererbsen, rote Zwiebel, Paprikawürfel und Gurke in eine große Schüssel geben. Mit dem Dressing übergießen und gründlich vermengen.
3. Die Kichererbsen auf der Brunnenkresse anrichten und mit der gehackten Minze bestreuen.

Ein Hinweis zu Cayennepfeffer: Falls ihr einen zarteren Gaumen habt, würzt erst einmal sparsam mit Cayennepfeffer und fügt lieber nach und nach mehr hinzu. Vor allem, wenn Kinder mitessen, darf's manchmal ein bisschen weniger sein.

5.

DIPS

Dieser Dip heißt auch *Muhammara* und hat seinen Ursprung in Syrien. Er hat jedoch schnell seinen Weg über Nachbarländer bis in die griechische Küche gefunden – und nun zu uns! Die Zubereitung macht ein bisschen Arbeit, aber es lohnt sich: Der Dip ist nicht nur unheimlich hübsch, sondern passt perfekt zu warmem Fladenbrot, Crackern oder Gemüsesticks. Eigentlich könnt ihr ihn zu allem essen.

ROTER PAPRIKADIP MIT WALNÜSSEN

FÜR 4 PERSONEN

125 g Walnusskerne
2 rote Paprikaschoten, halbiert und entkernt
6 EL Olivenöl
1 Knoblauchzehe, abgezogen und gepresst
2 EL Tomatenmark
2 EL Granatapfel-Sauer (nach Belieben)
75 g Semmelbrösel
1 TL Cayennepfeffer
½ TL gemahlener Kreuzkümmel
1 TL Salz

1. Den Backofen auf 180 °C Umluft vorheizen.
2. Die Walnüsse auf einem Backblech verteilen und 7–8 Minuten rösten.
3. Die Ofentemperatur auf 210 °C Umluft erhöhen.
4. Die Paprikahälften mit 2 EL Olivenöl bestreichen und mit der Schnittfläche nach unten 25 Minuten rösten, dann umdrehen und weitere 10 Minuten rösten, bis die Schale stellenweise schwarz ist und Blasen wirft.
5. Die Paprikahälften in einen Gefrierbeutel legen (Vorsicht, heiß!) und verschließen. Ein paar Minuten warten, bis sie »schwitzen«, dann die Paprikaschoten herausnehmen und die Haut abziehen.
6. Paprika, Walnüsse, Knoblauch, Tomatenmark, Granatapfel-Sauer, Semmelbrösel, Cayennepfeffer, Kreuzkümmel und Salz sowie die verbliebenen 4 EL Olivenöl in einem Mixer zu einer glatten Masse pürieren.
7. Hält sich im Kühlschrank 2–3 Tage. Zimmerwarm servieren.

Ein Hinweis zu Cayennepfeffer: Falls ihr einen zarteren Gaumen habt, würzt erst einmal sparsam mit Cayennepfeffer und fügt lieber nach und nach mehr hinzu. Vor allem, wenn Kinder mitessen, darf's manchmal ein bisschen weniger sein.

Ob als Aufstrich oder zum Dippen mit Crackern oder Rohkoststicks: Wenn es schnell gehen soll, ist dieses Rezept genau das richtige. Eine klassische französische Tapenade wird mit Zitronensaft abgeschmeckt, aber wir haben zur Abwechslung Orangenschale verwendet. Falls Besuch kommt und ihr die Tapenade noch ein bisschen aufhübschen möchtet, könnt ihr sie mit etwas frisch gehackter Petersilie toppen.

TAPENADE MIT ORANGENSCHALE

FÜR 4 PERSONEN

200 g entsteinte schwarze Oliven
1 Knoblauchzehe, abgezogen und gepresst
2 EL Kapern
abgeriebene Schale von 1 Orange (bio)
50 ml Olivenöl
Salz und schwarzer Pfeffer

1. Alle Zutaten in einen Mixer geben und in Intervallen zerkleinern, aber nicht pürieren. Der Dip darf ruhig etwas stückig sein. Mit Salz und Pfeffer abschmecken.
2. Hält sich im Kühlschrank 2–3 Tage.

Wenn es eine Zutat gibt, die Veganer*innen in Begeisterung versetzt, dann sind es Hefeflocken. Sie schmecken nussig und ziemlich käsig, außerdem liefern sie mehrere B-Vitamine sowie Eisen. Eine praktische und nährstoffreiche Zutat also für Nudelgerichte, Suppen, Eintöpfe und zum Toppen von Rührtofu zum Frühstück. In diesem herzhaften Dip wirken sie wahre Wunder.

BLITZSCHNELLER QUESO-DIP

FÜR 4 PERSONEN

150 g Cashewkerne
100 g rote Paprikaschote, entkernt
4 EL Hefeflocken
½ TL Knoblauchpulver
½ TL Zwiebelpulver
½ TL gemahlene Kurkuma
½ TL Rauchpaprikapulver
1 Prise Salz
100 ml Gemüsebrühe

1. Alle Zutaten in den Hochleistungsmixer geben und sehr glatt pürieren. Wer keinen Hochleistungsmixer hat, muss die Cashews zuerst mindestens 30 Minuten in heißem Wasser einweichen. Danach abtropfen lassen.
2. Hält sich im Kühlschrank 2–3 Tage.

Diese Salsa ist so easy und lecker, dass ihr sie zu so gut wie jeder Gelegenheit zubereiten könnt: zum Grillen, zu mexikanischen Gerichten, als sommerlichen Salat oder in Kombination mit Tortilla-Chips zum Snacken auf der Couch.

MANGO-SALSA MIT AVOCADO

FÜR 4 PERSONEN

2 reife Avocados, geschält und entkernt
1 reife Mango, geschält und entkernt
1 kleine rote Zwiebel, abgezogen und fein gewürfelt
5–10 g frisch gehackter Koriander
1 grüner Chili, entkernt und fein gehackt
Saft von ½ Limette
Salz

1. Avocado- und Mangofruchtfleisch in kleine Stücke schneiden und in eine Schüssel geben.
2. Zwiebel, Koriander und Chili hinzufügen, mit Limettensaft und Salz würzen und alles vermischen.
3. Hält sich im Kühlschrank 2–3 Tage.

Tipp: Wenn ihr möchtet, könnt ihr die Mango sehr fein würfeln und die Avocado mit einer Gabel zerdrücken. So entsteht eine cremigere Konsistenz, und es wird eher ein Dip als eine Salsa. Damit das Fruchtfleisch der Avocados nicht braun wird, solltet ihr es nach dem Aufschneiden direkt mit Limettensaft beträufeln.

Hummus lässt sich wunderbar abwandeln und wird so eigentlich nie langweilig. Wir präsentieren hier eine neue, frische Variante des Klassikers. Er ist in wenigen Minuten zubereitet und eignet sich perfekt als Beilage zu gegrilltem oder gedünstetem Gemüse, als Ergänzung zu Salaten oder als Dip mit Crackern oder Rohkoststicks.

ERBSEN-HUMMUS MIT MINZE

FÜR 4 PERSONEN

1 Dose (400 g) Kichererbsen, abgespült und abgetropft
150 g Erbsen (TK), aufgetaut
2 EL Tahin
2 Knoblauchzehen, abgezogen und grob gehackt
Saft von ½ Limette
2 EL frische Minze, gehackt
1 guter Schuss Olivenöl
Salz und Pfeffer

1. Alle Zutaten in einen Mixer, am besten in einen Hochleistungsmixer, geben und pürieren. Je nach gewünschter Konsistenz etwas mehr Öl oder etwas Flüssigkeit aus der Kichererbsendose (Aquafaba, siehe Seite 21) hinzufügen.
2. Hält sich im Kühlschrank 2–3 Tage.

6.

SUPPEN & BROTE

Falls ihr Fan kräftiger, aromatischer Nudelsuppen seid, solltet ihr dieses Rezept unbedingt probieren. Es gehört zu unseren Favoriten – und zwar nicht zuletzt, weil es sich so leicht abwandeln lässt. Im Grunde könnt ihr so ziemlich jedes Gemüse verwenden, das ihr gerade daheim habt.

RAMEN

FÜR 4 PERSONEN

- 2 EL Sonnenblumenöl
- 1 große Zwiebel, abgezogen und gewürfelt
- 2 Knoblauchzehen, abgezogen und gepresst
- 1 Stück Ingwer (4 cm), geschält und gerieben
- 25 g getrocknete Shiitake
- 1 l Gemüsebrühe
- 3 EL Sojasauce
- 200 g getrocknete Ramen oder Reisbandnudeln
- 250 g geräucherter, marinierter oder aromatisierter Tofu, gewürfelt
- 1 Pak Choi, längs geviertelt
- 2 Karotten, in feine Stifte geschnitten
- 2 EL Sesamöl
- 2 EL Misopaste

TOPPINGS (NACH WAHL)

- 50 g Sojasprossen, gewaschen
- 2 EL Norialgenflocken
- 1 Handvoll frisch gehackter Koriander
- 2 Frühlingszwiebeln, in feine Ringe geschnitten
- 1 Prise Chiliflocken

1. Das Öl in einer Pfanne erhitzen. Die Zwiebel darin weich dünsten, dann Knoblauch und Ingwer hinzufügen und weitere 2–3 Minuten garen. Dabei umrühren, damit nichts anbrennt.
2. Pilze, Brühe und Sojasauce hinzufügen und zum Kochen bringen. Bei schwacher Hitze abgedeckt 15 Minuten köcheln lassen, damit sich die Aromen entfalten können.
3. Die Flüssigkeit in einen sauberen Topf abgießen. Pilze, Zwiebeln, Knoblauch und Ingwer wegwerfen.
4. Die Nudeln nach Packungsanweisung kochen und in die Brühe geben.
5. Tofu, Pak Choi und Karotten hinzugeben, wieder aufkochen und weitere 2–3 Minuten köcheln lassen. Das Sesamöl und die Misopaste unterrühren.
6. Mit Sprossen, Noriflocken, Koriander, Frühlingszwiebeln oder Chiliflocken garnieren oder mehrere Toppings wählen. Heiß servieren.

CAMPINS
CONSELL INOX

Falls ihr eure Cocktails etwas wärmer und nahrhafter mögt, ist dieses Rezept für euch. Es enthält alle Aromen einer klassischen Bloody Mary: Tomaten, Worcestersauce, Zitrone, Tabasco und Wodka. Ihr könnt den Wodka natürlich auch weglassen. Dann ist es eine Virgin-Mary-Suppe, die immer noch super schmeckt und eine willkommene Abwechslung zur klassischen Tomatensuppe bietet. Falls ihr nicht so gern scharf esst, spart einfach etwas am Tabasco.

BLOODY-MARY-SUPPE

FÜR 4 PERSONEN ALS VORSPEISE ODER FÜR 2 PERSONEN ALS HAUPTGERICHT

1 EL Olivenöl
3 Stangen Sellerie, fein gehackt
2 Dosen (à 400 g) stückige Tomaten
2 EL vegane Worcestersauce
2 EL Wodka
1 Schuss Tabasco
Saft und abgeriebene Schale von ½ Zitrone (bio)
Selleriesalz und schwarzer Pfeffer
frisch gehackte Sellerieblätter

1. Das Öl in einem Topf erhitzen und den Sellerie darin 2–3 Minuten anbraten. Tomaten, Worcestersauce, Wodka und 250 ml Wasser hinzugeben.
2. Zum Kochen bringen, dann abdecken und 10–15 Minuten köcheln lassen, bis der Sellerie weich ist.
3. Vom Herd nehmen. Tabasco und Zitronensaft hinzufügen.
4. Glatt pürieren, mit Selleriesalz und schwarzem Pfeffer abschmecken und mit Sellerieblättern und Zitronenschale garniert servieren.

Getrocknete Pilze findet ihr in den meisten Supermärkten und in so ziemlich jedem Asiamarkt. Es lohnt sich, ein paar auf Vorrat zu haben, denn sie geben vielen Gerichten einen tollen Umami-Geschmack. Getrocknete Champignons sind nicht ganz so intensiv, deswegen haben wir hier etwas kräftigere Sorten empfohlen. Denkt nur daran, sie rechtzeitig einzuweichen und die Flüssigkeit – die voller Aromen steckt – mitzuverwenden.

PILZCREMESUPPE MIT DILL

FÜR 4 PERSONEN

35 g getrocknete Steinpilze oder Shiitake
2 EL Sonnenblumenöl
1 Zwiebel, abgezogen und grob gehackt
500 g Champignons, geputzt und grob zerkleinert
2 Knoblauchzehen, abgezogen und gepresst
1 TL Paprikapulver
1 Kartoffel, geschält und grob gehackt
850 ml Gemüsebrühe
50 ml pflanzliche Sahne, plus etwas mehr zum Garnieren
1 Spritzer Zitronensaft
2 EL frisch gehackter Dill
Salz und schwarzer Pfeffer

1. Die getrockneten Pilze mit kochend heißem Wasser übergießen und 40 Minuten einweichen. Die gequollenen Pilze abtropfen lassen und grob hacken, die Flüssigkeit aufbewahren.
2. Das Öl in einer Pfanne erhitzen und die Zwiebel darin 7–8 Minuten weich dünsten. Champignons und eingeweichte Pilze, Knoblauch und Paprikapulver hinzugeben und 3–4 Minuten unter Rühren braten.
3. Kartoffel, Brühe und die Einweichflüssigkeit der Pilze hinzugeben und die Suppe zum Kochen bringen. Abgedeckt bei schwacher Hitze 10–12 Minuten köcheln lassen, bis die Kartoffeln gar sind, dann vom Herd nehmen.
4. Die Suppe in einem Mixer glatt pürieren.
5. Pflanzliche Sahne, Zitronensaft und Dill einrühren und mit Salz und Pfeffer abschmecken. Vor dem Servieren wieder erwärmen, aber nicht mehr kochen. Auf Teller verteilen und mit einem Klecks veganer Sahne dekorieren.

Diese deftige, cremige Suppe punktet mit dem süß-erdigen Geschmack von Knollensellerie. Es ist ein typisches Herbstgericht, aber wir mögen sie auch zu anderen Jahreszeiten gern. Wenn ihr den Knollensellerie vorher im Backofen röstet, wird der Geschmack noch intensiver und süßer. Und falls ihr Zeit sparen wollt, könnt ihr auch zu gekauften Croûtons greifen.

SELLERIESUPPE MIT KNOBLAUCHCROÛTONS

FÜR 4 PERSONEN

FÜR DIE CROÛTONS
2 EL vegane Butter
2 EL Olivenöl
2 Knoblauchzehen, abgezogen und gepresst
1 EL fein gehackte frische Petersilie
200 g Brot (jede Sorte mit feiner Krume, also kein Ciabatta o. Ä.), in 2 cm dicke Würfel geschnitten
Salz und Pfeffer

FÜR DIE SUPPE
1 Zwiebel, abgezogen und fein gehackt
2 EL Olivenöl
2 Knoblauchzehen, abgezogen und gepresst
750 g Knollensellerie, geschält und grob gehackt
1 Kartoffel, geschält und grob gehackt
1 Zweig frischer Rosmarin
1 Lorbeerblatt
1 l Gemüsebrühe

ZUM SERVIEREN (NACH BELIEBEN)
frisch gehackte Petersilie
25 g geröstete Haselnusskerne, gehackt
Chiliflocken

1. Für die Croûtons den Backofen auf 190 °C Umluft vorheizen.
2. Die vegane Butter in einer Pfanne zerlassen. Öl, Knoblauch und Petersilie dazugeben, umrühren und kräftig salzen und pfeffern.
3. Die Brotwürfel dazugeben und in der Pfanne wenden, sodass sie rundum fettig sind.
4. Die Brotwürfel nebeneinander auf einem Backblech ausbreiten und 15–20 Minuten backen, bis sie goldbraun und knusprig sind. Aus dem Ofen nehmen und zum Abkühlen beiseitestellen.
5. In der Zwischenzeit die Suppe zubereiten. Die Zwiebel in einem großen Topf in Olivenöl weich dünsten. Den Knoblauch zugeben und 1–2 Minuten mitdünsten, dabei umrühren, damit er nicht anbrennt.
6. Sellerie, Kartoffeln, Rosmarinzweig, Lorbeerblatt und Brühe hinzugeben, aufkochen und zugedeckt 25–30 Minuten köcheln lassen, bis das Gemüse weich ist.
7. Die Suppe vom Herd nehmen, Lorbeerblatt und Rosmarinzweig entfernen. Die Suppe mit dem Stabmixer oder im Standmixer pürieren – nach Belieben stückig lassen.
8. Mit Petersilie, Haselnüssen und Chiliflocken bestreut servieren.

Diese herrlich cremige Suppe wärmt an kühlen Tagen wunderbar durch. Wenn ihr gerne scharf esst, nehmt einfach mehr Chili, aber die asiatischen Aromen sind auch ganz ohne Chili ein Genuss. Der Kürbis schmeckt noch süßlicher, wenn ihr ihn zuvor im Backofen röstet. Super eignen sich Hokkaido-, Muskat- oder Butternusskürbis.

THAI STYLE KÜRBISSUPPE

FÜR 6 PERSONEN

1 Zwiebel, abgezogen und fein gewürfelt
3 EL Olivenöl
1 Knoblauchzehe, abgezogen und gepresst
1 Stück Ingwer (2 cm), geschält und gerieben
3 EL vegane rote Thai-Currypaste
1–2 rote Chilis, entkernt und fein gehackt (nach Belieben für zusätzliche Schärfe)
1 kg Kürbis, geschält (falls nötig, siehe Tipp auf Seite 146), entkernt und gewürfelt
400 ml Kokosmilch
600 ml Gemüsebrühe
2 EL Limettensaft
Salz und Pfeffer
pflanzliche Sahne (nach Belieben)
Koriander und Zitronenspalten zum Garnieren

1. Die Zwiebel in einem großen Topf in dem Öl 8–10 Minuten weich dünsten.
2. Knoblauch, Ingwer, Currypaste und Chilis (falls verwendet) hinzufügen und weitere 2–3 Minuten dünsten.
3. Kürbisfruchtfleisch, Kokosmilch und Gemüsebrühe hinzufügen und zum Kochen bringen, dann die Suppe abdecken und bei schwacher Hitze 20 Minuten köcheln lassen.
4. Vom Herd nehmen und die Suppe in einem Mixer glatt pürieren.
5. Mit Limettensaft, Salz und Pfeffer abschmecken. Die Suppe noch einmal durchwärmen und nach Belieben mit etwas pflanzlicher Sahne garnieren. Koriander und Zitronenspalten dazu reichen und servieren.

Ein Hinweis zu Chilis: Die in Supermärkten erhältlichen Chilis sind oft relativ mild. Wer gern schärfer isst, nimmt Vogelaugen-Chilis, und wer es richtig feurig mag, lässt die Kerne drin. Natürlich könnt ihr auch weniger Chilis oder eine milde Sorte verwenden.

Es herrscht Uneinigkeit darüber, was ein »Superfood« ist, aber einige Lebensmittel tauchen auf den meisten Listen auf – darunter Grünkohl, Knoblauch, Tomaten, Bohnen und Linsen, Kräuter und Gewürze, Nüsse, Samen und Olivenöl. Also haben wir all diese Lebensmittel in einer deftigen Suppe kombiniert, die nicht nur gesund, sondern auch sehr lecker und sättigend ist.

SUPERFOOD-SUPPE

FÜR 4 PERSONEN

FÜR DAS TOPPING

2 EL frisch gehackte Minze
½ TL Chiliflocken
1 EL geröstete Mandeln (oder gemischte Nüsse)
1 EL Pinienkerne (oder andere Kerne)
¼ TL Salz

FÜR DIE SUPPE

2 EL Olivenöl
1 Zwiebel, abgezogen und grob gehackt
2 Knoblauchzehen, abgezogen und gepresst
2 TL gemahlener Kreuzkümmel
1 TL gemahlene Kurkuma
2 Dosen (à 400 g) gehackte Tomaten
500 ml Gemüsebrühe
50 g getrocknete rote Linsen
150 g Kidneybohnen (Dose), abgespült und abgetropft
100 g Grünkohl, harte Stiele entfernt, Blätter in Streifen geschnitten
Salz und schwarzer Pfeffer
Saft von ½ Zitrone

1. Für das Topping Minze, Chiliflocken, Mandeln, Pinienkerne und Salz in einem Mixer zerkleinern, bis sie vollständig vermischt sind. Beiseitestellen.
2. Das Öl in einer großen Pfanne erhitzen und die Zwiebel darin 8 Minuten weich dünsten.
3. Knoblauch, Kreuzkümmel und Kurkuma hinzugeben und ein paar Minuten mitdünsten.
4. Dosentomaten und Brühe hinzugeben, zum Kochen bringen, dann die Linsen hinzufügen. Abgedeckt bei schwacher Hitze 10 Minuten köcheln lassen.
5. Kidneybohnen und Grünkohl einrühren, wieder zudecken und weitere 8–10 Minuten köcheln lassen. Mit Salz, Pfeffer und Zitronensaft abschmecken.
6. Mit dem Topping anrichten und servieren.

Tipp: Für mehr Crunch in der Suppe könnt ihr das Topping ganz lassen und nicht in den Mixer werfen. Auch den Grünkohl könnt ihr ganz nach Belieben nur grob zerkleinern, kurz in Salzwasser blanchieren und hübsch auf (statt in) der Suppe anrichten.

Diese würzigen Scones sind eine tolle Beilage zu Suppen und Salaten, schmecken aber auch einfach so mit etwas veganer Butter oder einem Dip. Ihr könnt sie zum Picknick oder zur Arbeit mitnehmen, zum Beispiel als Snack am Nachmittag, wenn das Mittagessen schon fast vergessen ist und das Abendessen – gefühlt – noch in weiter Ferne liegt.

CHEESY SCONES MIT SPINAT & PINIENKERNEN

FÜR 6 STÜCK

225 g Mehl, plus etwas mehr zum Verarbeiten
1 TL Backpulver
1 TL Rauchpaprikapulver
2 TL Knoblauchpulver
2 TL Zwiebelpulver
½ TL Salz
55 g vegane Butter
125 g schmelzender veganer Käse, gerieben, plus etwas mehr zum Bestreuen
1 Handvoll Spinat, fein gehackt
25 g Pinienkerne
120 ml Pflanzendrink, plus etwas mehr zum Einpinseln

1. Den Backofen auf 200 °C Umluft vorheizen und ein Backblech hineinschieben.
2. Mehl, Backpulver, Rauchpaprikapulver, Knoblauchpulver, Zwiebelpulver und Salz in eine Schüssel sieben und mischen.
3. Die vegane Butter dazugeben und alles mit den Fingerspitzen fein bröselig verreiben.
4. Geriebenen Käse, gehackten Spinat und Pinienkerne untermischen. Den Pflanzendrink darübergießen und mit einem Holzlöffel verrühren, bis sich alles zu einem Teig verbunden hat.
5. Die Arbeitsfläche mit Mehl bestäuben und den Teig 1,5 cm dick ausrollen oder mit den Händen flach drücken. Mit einem runden Ausstecher (6–7 cm) Kreise ausstechen. Den restlichen Teig erneut ausrollen und weitere Kreise ausstechen.
6. Das heiße Backblech aus dem Ofen nehmen, mit Backpapier belegen und die Teigkreise darauf verteilen. Die Oberseiten mit etwas Pflanzendrink einpinseln und mit geriebenem veganen Käse bestreuen.
7. Die Scones 15–18 Minuten backen, bis sie goldbraun sind.

Dieses glutenfreie Brot nach irischer Art ist kinderleicht zu backen. Ihr müsst den Teig weder mühsam kneten noch stundenlang ruhen lassen. Einfach alles zusammenrühren und in den Backofen schieben. Das Brot schmeckt lecker nach Porridge, hat eine angenehme Konsistenz und sättigt gut. Es passt nicht nur hervorragend zu einer Suppe, sondern auch zu Dips.

IRISCHES HAFERBROT

FÜR 6–8 PERSONEN

400 g glutenfreie Haferflocken
1 TL Backpulver
1 TL Salz
500 g Sojajoghurt
1 EL Melasse oder Zuckerrübensirup
40–50 ml Pflanzendrink
20 g Körnermischung

1. Den Backofen auf 180 °C Umluft vorheizen.
2. Haferflocken, Backpulver und Salz in einer Schüssel vermischen, dann den Joghurt gründlich unterrühren.
3. Den Sirup und den Pflanzendrink einarbeiten, damit der Teig etwas weicher wird.
4. Eine kleine Kastenform (ca. 18 × 11 cm) einfetten. Den Teig hineinfüllen, in die Ecken drücken und die Oberseite glatt streichen.
5. Mit den Körnern bestreuen und 40–45 Minuten backen, bis an einem mittig eingestochenen Holzstäbchen kein Teig mehr haftet. Andernfalls noch ein paar Minuten länger backen und erneut die Stäbchenprobe machen.

Diese absolut köstlichen kleinen Fladenbrote werden in einer Pfanne auf dem Herd gebacken. Auf diese Weise habt ihr im Handumdrehen warmes, selbst gemachtes Brot auf dem Tisch. Der Teig muss zwar 10 Minuten geknetet werden, aber das könnt ihr ja einfach unter Workout verbuchen.

CHILENISCHE CHURRASCAS

FÜR 6 PERSONEN

500 g Mehl
½ TL Backpulver
½ TL Natron
2 EL Salz
2 EL Cayennepfeffer
2 EL Chilipulver
100 ml Pflanzenöl

1. Mehl, Backpulver, Natron, Salz und Gewürze in einer Schüssel mischen.
2. 150 ml warmes Wasser in einem Rührbecher mit dem Öl verquirlen. In die Schüssel mit den trockenen Zutaten gießen und alles zu einem weichen Teig verrühren.
3. 10 Minuten kneten.
4. Den Teig in 6 Portionen teilen und jede Portion in die Form eines Burgerbrötchens bringen. Mit der Handfläche flach drücken, sodass der Teigling einen Durchmesser von etwa 10 cm hat.
5. Jede *Churrasca* mit einer Gabel mehrmals auf beiden Seiten einstechen, dann in eine heiße, beschichtete Pfanne geben und bei mittlerer Hitze 5 Minuten auf jeder Seite backen.
6. Vor dem Servieren etwas abkühlen lassen.

Ein Hinweis zu Cayennepfeffer: Falls ihr einen zarteren Gaumen habt, würzt erst einmal sparsam mit Cayennepfeffer und fügt lieber nach und nach mehr hinzu. Vor allem, wenn Kinder mitessen, darf's manchmal ein bisschen weniger sein.

Diese kleinen Brötchen könnt ihr prima in eine Suppe tunken oder mit einem Dip essen (siehe Seite 152–158). Und auch in Picknickkorb, Lunchbox oder Frühstücksdose machen sie sich fabelhaft.

BRASILIANISCHE SÜSSKARTOFFELBÄLLCHEN

FÜR 12 STÜCK

300 g Süßkartoffeln, geschält
200 g Mehl
1 TL Trockenhefe
5 EL Sonnenblumenöl
Salz

1. Die Süßkartoffeln in Salzwasser weich kochen, dann abgießen und glatt pürieren. Beiseitestellen.
2. Den Backofen auf 200 °C Umluft vorheizen.
3. Das Mehl in einer Schüssel mit der Hefe und etwa ½ TL Salz vermischen.
4. 50 ml Wasser und das Öl in einer kleinen Schüssel in der Mikrowelle auf etwa 40 °C erwärmen und über das Mehl gießen. Gut verrühren.
5. Das Süßkartoffelpüree hinzufügen und alles zu einem homogenen Teig verarbeiten.
6. Ein Backblech mit Backpapier auslegen. Den Teig mit den Händen zu 12 gleich großen Kugeln formen und diese auf dem Blech verteilen. Falls der Teig sehr klebrig ist, die Hände mit etwas Mehl bestäuben.
7. Die Teigkugeln 35–40 Minuten backen, bis sie goldbraun sind und die Oberfläche aufreißt.

7.

DESSERTS

Dieses Rezept kommt von unserem Team aus Großbritannien. Dort kam die Banoffee Pie zum ersten Mal in den 70ern auf den Tisch und hat sich schnell zu einem echten Klassiker der britischen Küche entwickelt. Kein Wunder: Sie ist üppig, cremig, fruchtig, süß – was will man mehr von einem Dessert?

BANOFFEE PIE

FÜR 8 PERSONEN

350 g weiche, entsteinte Datteln
250 g vegane neutrale Kekse
120 g vegane Butter, zerlassen
250 ml Schlagcreme
2 EL Zucker
1 TL Vanilleextrakt
3 EL Mandelmus ohne Stückchen
3 reife Bananen, in gleichmäßige Scheiben geschnitten
geraspelte vegane Schokolade (Sorte nach Wahl)

1. Die Datteln 10 Minuten in etwas kochendem Wasser einweichen. Abtropfen lassen.
2. Für den Boden die Kekse in einem Mixer fein zerkrümeln. Die zerlassene vegane Butter zugeben und gut vermischen. Die Mischung auf dem Boden einer Kuchenform (24 × 24 cm) verteilen, andrücken und zum Festwerden in den Kühlschrank stellen.
3. Die Schlagcreme mit dem Zucker und ½ TL Vanilleextrakt mit dem Handmixer steif schlagen – das kann bis zu 10 Minuten dauern. Beiseitestellen.
4. Kontrollieren, ob wirklich alle Datteln entkernt sind. Die Datteln in einem Mixer pürieren, dann Mandelmus und den restlichen Vanilleextrakt (½ TL) zugeben. Alles zu einer glatten Toffeemasse verarbeiten. Falls erforderlich, 1 EL Wasser unterarbeiten. Die Masse auf dem Keksboden in der Kuchenform verstreichen.
5. Die Hälfte der Bananenscheiben auf die Dattelmasse legen, mit der Schlagcreme bestreichen und mit den restlichen Bananenscheiben belegen.
6. Mit geraspelter Schokolade bestreuen. Bei Bedarf nochmals 30 Minuten zum Festwerden in den Kühlschrank stellen.

Tipp: Ihr mögt nicht so gerne Bananen? Keine Sorge, wir haben soeben die – genauso leckere – Strawboffee Pie erfunden: Ersetzt die Bananen durch Erdbeeren und nehmt einfach die gleiche Menge. Große Exemplare halbieren oder vierteln, die kleinen ganz lassen – und ansonsten einfach dem Rezept folgen.

Macht euch auf viele Oohs und Aahs gefasst, wann immer ihr diesen unfassbar leckeren Käsekuchen serviert. Dabei ist das Rezept ganz simpel, und der Kuchen muss noch nicht einmal gebacken werden – aber das muss ja niemand wissen.

SCHOKO-ORANGEN-CHEESECAKE

FÜR 8 PERSONEN

300 g vegane Kakaokekse mit heller Cremefüllung (z. B. Oreo Original)
60 g vegane Butter, geschmolzen
125 g vegane Zartbitterschokolade, gehackt
50 g Kokosöl
450 g veganer Frischkäse
150 g Zucker
abgeriebene Schale von 2 Orangen (bio)
Saft von ½ Zitrone

1. Gut drei Viertel der Kekse in einem Mixer zu feinen Krümeln zerkleinern, die übrigen für die Füllung und das Topping zurückbehalten.
2. Die geschmolzene vegane Butter zugeben und gut unterrühren. Die Mischung auf dem Boden einer Springform (20 cm Ø) verteilen und andrücken. Zum Festwerden in den Kühlschrank stellen.
3. Für die Creme Schokolade und Kokosöl in einer Schüssel über einem Topf mit kochendem Wasser oder in Intervallen in der Mikrowelle (niedrige Wattzahl) schmelzen und verrühren.
4. Frischkäse, Zucker, Orangenschale und Zitronensaft mit der Küchenmaschine aufschlagen. Die flüssige Schokoladenmischung hinzufügen und alles gründlich einarbeiten.
5. Zwei Drittel der restlichen Kekse grob zerbröseln und unter die Masse heben. Die Schokoladencreme gleichmäßig auf dem Boden verteilen und mit der Rückseite eines Löffels glatt streichen. 2–3 Stunden in den Kühlschrank stellen.
6. Kurz vor dem Servieren die letzten Kekse zerbröseln und auf den Cheesecake streuen.

Brombeeren zu pflücken ist ein schönes Vergnügen im Spätsommer. Umso besser, wenn ihr genug erntet, um sie nach der Heimkehr zu diesem Crumble zu verarbeiten. Wir lieben das Rezept mit den knackigen Äpfeln und den Nussstreuseln und servieren es gern warm mit veganem Vanilleeis.

BROMBEER-APFEL-CRUMBLE

FÜR 4 PERSONEN

FÜR DIE OBSTSCHICHT

400 g säuerliche Äpfel (etwa 3 Stück), geschält, entkernt und gewürfelt
Saft von ½ Zitrone
30 g vegane Butter
30 g brauner Zucker
150 g Brombeeren
¼ TL gemahlener Zimt

FÜR DIE STREUSEL

100 g gemahlene Mandeln
100 g gehackte Haselnusskerne
65 g Mehl
1 TL Backpulver
½ TL Salz
120 g Erdnussmus
4 EL Ahornsirup
½ TL Mandelextrakt

1. Die Äpfel gleich nach dem Würfeln in eine Schüssel mit Wasser und dem Saft einer halben Zitrone legen, bis sie verwendet werden sollen. Das verhindert, dass sie braun werden.
2. Den Backofen auf 180 °C Umluft vorheizen.
3. Die vegane Butter und den Zucker in einer Pfanne langsam erhitzen, bis die Butter geschmolzen ist und eine schöne Karamellfarbe angenommen hat.
4. Die Äpfel abtropfen lassen und mit einem sauberen Geschirrtuch trocken tupfen. Die Äpfel zu Zucker und Butter geben und 2–3 Minuten garen.
5. Brombeeren und Zimt hinzufügen und weitere 2–3 Minuten garen.
6. In eine ofenfeste Form (oder in vier Portionsformen) geben und beiseitestellen.
7. Für den Streuselbelag Mandeln, Nüsse, Mehl, Backpulver und Salz in einer Schüssel mischen, Erdnussmus, Ahornsirup und Mandelextrakt in einer zweiten Schüssel verrühren. Die feuchten zu den trockenen Zutaten geben und mit den Händen gründlich vermischen.
8. Den Streuselbelag auf dem Obst verteilen und leicht andrücken, dann im Ofen 15–18 Minuten goldbraun backen.

Ob in Pubs, bei Dinner Partys oder Familienfeiern – dies ist wahrscheinlich Großbritanniens beliebtestes Dessert. Aufgepasst: Wir reden hier nicht von Pudding, wie wir ihn in Deutschland kennen, sondern von einem saftigen Kuchen mit Trockenobst. Unser britisches Team präsentiert ihn euch stolz in einer veganen Variante – eine Runde Applaus, bitte! *Foto auf der nächsten Seite*

STICKY TOFFEE PUDDING

FÜR 6 PERSONEN

FÜR DEN TEIG

200 g entsteinte Datteln
250 ml Pflanzendrink
1 TL Natron
115 g vegane Butter
115 g Rohrohrzucker
1 Msp. gemahlene Muskatnuss
½ TL gemahlener Ingwer
½ TL gemahlener Zimt
200 g Mehl
2 TL Backpulver
6 Walnusshälften (nach Belieben)

FÜR DIE TOFFEESAUCE

100 g Karamellsirup
150 g Rohrohrzucker
150 g vegane Butter
1 TL Vanilleextrakt
100 ml vegane Sahne
veganes Vanilleeis (nach Belieben)

1. Für den Biskuitteig die Datteln vierteln und in einen kleinen Topf geben. Mit Pflanzendrink und 100 ml Wasser übergießen und 8 Minuten köcheln lassen, bis sie weich sind.
2. Vom Herd nehmen und das Natron einrühren. Achtung, es schäumt auf! 15 Minuten abkühlen lassen.
3. Den Backofen auf 190 °C Umluft vorheizen. Eine flache, eckige Backform (20 × 20 cm) einfetten und mit Backpapier auslegen.
4. Vegane Butter und Zucker in einer großen Rührschüssel mit dem Handmixer hell und cremig aufschlagen. Die Dattelmischung hinzufügen und unterrühren.
5. In einer separaten Schüssel alle Gewürze mit dem gesiebten Mehl vermengen, dann esslöffelweise unter die Buttermischung rühren. Den Teig in die vorbereitete Form füllen und mit einem Löffelrücken glatt streichen.
6. 30 Minuten backen, oder bis der Biskuit auf Fingerdruck zurückfedert.
7. In der Zwischenzeit die Toffeesauce zubereiten. Karamellsirup, Zucker, vegane Butter und Vanilleextrakt in einem kleinen Kochtopf schmelzen.
8. 5 Minuten ohne Rühren köcheln lassen. Etwas abkühlen lassen, dann die vegane Sahne unterrühren.
9. Wenn der Pudding aus dem Ofen kommt, mit einer Gabel einstechen und die Hälfte der heißen Sauce darübergießen. Die Sauce sollte einsickern. Mit den Walnüssen, falls verwendet, garnieren, nach Belieben mit Vanilleeis servieren und die restliche Sauce separat dazu reichen.

Das ist ein Dessert vom Feinsten. Es schmeckt, als ob dahinter allerlei raffinierte Kochtechniken stecken, dabei braucht ihr nur alle Zutaten im Mixer zu pürieren. Und falls Chili in Schokolade nicht so euer Ding ist, könnt ihr es auch weglassen.

KOKOS-SCHOKO-TÖPFCHEN MIT RUM & EINEM HAUCH CHILI

FÜR 6–8 PERSONEN

700 g Seidentofu
100 ml Ahornsirup oder Agavendicksaft
abgeriebene Schale von 2 Limetten (bio)
2 TL Vanilleextrakt
2 EL Kokosnuss-Rum
½ TL Chilipulver (nach Belieben)
175 g vegane Zartbitterschokolade
1 TL Kokosraspel (nach Belieben)

1. Den Tofu in ein sauberes Geschirrtuch wickeln und die Flüssigkeit gründlich herauspressen.
2. Tofu, Sirup, Limettenschale, Vanilleextrakt, Rum und Chilipulver (falls verwendet) in einem Mixer glatt pürieren.
3. Die Schokolade in einer Schüssel über einem Topf mit kochendem Wasser schmelzen, dann ebenfalls in den Mixer geben und alles nochmals pürieren.
4. Die Mischung auf 6–8 Dessertförmchen verteilen und 30 Minuten zum Festwerden in den Kühlschrank stellen.
5. Zum Servieren mit Kokosraspeln bestreuen.

Tipp: Falls euch dieses Dessert nach einem üppigen Menü etwas zu reichhaltig ist, könnt ihr es auch in Espressotassen servieren. Das sieht ebenfalls hübsch aus und die Rezeptmenge reicht dann für etwa zehn kleine Portionen.

Baiser aus dem Kochwasser von Kichererbsen? Klingt ein bisschen nach Zauberei, aber eigentlich braucht ihr beim Aufschlagen des Aquafabas nur etwas Ausdauer (oder eine geduldige Küchenmaschine). Und Zeit, weil die Pavlova anschließend bei geringer Hitze gebacken wird. Doch die Mühe lohnt sich: Ein Hauch Rosenwasser passt perfekt zur Leichtigkeit des Baisers und macht aus diesem Dessert etwas ganz Besonderes.

HIMBEER-PAVLOVA MIT ROSEN & PISTAZIEN

FÜR 6 PAVLOVAS

100 ml Aquafaba (siehe Seite 21)
¼ TL Weinsteinbackpulver
100 g Zucker, plus 2 EL für die Creme
1 TL Vanilleextrakt
1 TL Rosenwasser
250 ml Schlagcreme
50 g Pistazienkerne, fein gehackt
200 g frische Himbeeren
Rosenblütenblätter (nach Belieben)

1. Ein Backblech mit Backpapier auslegen und beiseitestellen.
2. Eine große Rührschüssel 20 Minuten in den Gefrierschrank stellen. Aquafaba und Backpulver in der kalten Schüssel 8–10 Minuten mit der Rührmaschine auf höchster Stufe schlagen, bis sich weiche Spitzen bilden.
3. Bei laufendem Motor esslöffelweise den Zucker hinzufügen. Weitere 10 Minuten schlagen, bis die Masse steif ist.
4. In der Zwischenzeit den Backofen auf 100 °C Umluft vorheizen.
5. ½ TL Vanilleextrakt und ½ TL Rosenwasser zur Baisermasse geben und nochmals 1 Minute schlagen.
6. Die Masse auf dem Backpapier zu sechs Kreisen formen, dabei die Ränder etwas hochziehen und darauf achten, dass zwischen den Kreisen noch etwas Platz bleibt, damit sie aufgehen können.
7. 1 Stunde und 45 Minuten backen, bis die Baisers oben und unten ziemlich fest sind. Den Backofen ausschalten und die Baisers bei geschlossener Tür im Ofen 2–3 Stunden abkühlen lassen.
8. Die Schlagcreme mit 2 EL Zucker und dem restlichen halben TL Vanilleextrakt in der Küchenmaschine steif schlagen. Je nach Produkt kann dies bis zu 10 Minuten dauern. Gegen Ende das restliche Rosenwasser zugeben.
9. Die Baisers vorsichtig vom Backpapier lösen. Die Schlagcreme auf die Baisers geben, mit den Pistazien bestreuen und mit Himbeeren belegen. Für einen besonderen Anlass mit Rosenblütenblättern dekorieren.

Tipp: Die vegane Pavlova gelingt in neun von zehn Fällen perfekt – aber manchmal eben nicht. Dafür gibt es keine Erklärung, das ist einfach so. Aber auch eine weniger hübsche Pavlova ist immer noch superlecker. Kleine Risse könnt ihr einfach mit Sahne kaschieren. Und sollte das Baiser komplett zerkrümeln, schichtet es mit Sahne und Obst in Dessertgläser (wie das britische Dessert *Eton Mess*). Dann sollte es eben so sein!

Die Treacle Tarte ist ein britisches Dessert: eine Tarte aus Mürbeteig mit süßer Sirup-Füllung. Wenn ihr bereits fertig gekauften Mürbeteig im Kühlschrank habt, braucht ihr für dieses Dessert tatsächlich nur noch drei Zutaten – und vielleicht noch vegane Sahne oder Vanilleeis zum Servieren.

TREACLE TARTE

FÜR 6 PERSONEN

1 Packung frischer veganer Mürbeteig (Kühlregal)
225 g Karamellsirup
Saft und abgeriebene Schale von 1 Zitrone (bio)
75 g Semmelbrösel

1. Eine runde Backform (20 cm Ø) oder 6 Portionsförmchen mit etwa drei Vierteln des Teigs auslegen, mehrmals mit einer Gabel einstechen und 30 Minuten in den Kühlschrank stellen. Aus dem restlichen Teig lange, 1 cm breite Streifen schneiden und ebenfalls in den Kühlschrank stellen.
2. Den Backofen auf 190 °C Umluft vorheizen.
3. Den Sirup in einer Pfanne leicht erwärmen, dann Zitronensaft und -schale hinzufügen.
4. Den Teig aus dem Kühlschrank nehmen und mit den Semmelbröseln bestreuen. Gleichmäßig mit dem Sirup begießen, sodass alle Semmelbrösel befeuchtet sind.
5. Aus den zugeschnittenen Teigstreifen ein Gitter auf die Oberfläche legen. Es darf ruhig etwas rustikal aussehen.
6. 25 Minuten backen. Warm und nach Belieben mit veganer Sahne oder Vanilleeis servieren.

Diese luftige Köstlichkeit ist von einem traditionellen argentinischen Rezept inspiriert und schmeckt so gut, wie sie aussieht. Man könnte jetzt darüber streiten, ob es eher ein Kuchen oder ein Dessert ist – aber angesichts des unvergleichlichen Geschmacks spielt das gar keine Rolle.

UPSIDE DOWN APPLE PIE

FÜR 8 PERSONEN

3 Äpfel, geviertelt, entkernt und in Scheiben geschnitten
Saft von ½ Zitrone
165 g Mehl
2½ TL Backpulver
150 g Rohrohrzucker
35 ml Pflanzenöl
125 ml Pflanzendrink
1 TL Vanilleextrakt
veganes Vanilleeis (nach Belieben)

1. Den Backofen auf 170 °C Umluft vorheizen.
2. Eine Backform (20 cm Ø, Springform oder geschlossene Form) einfetten und beiseitestellen.
3. Die Äpfel sofort nach dem Schneiden in eine Schüssel mit Wasser und dem Saft einer halben Zitrone legen. So werden sie nicht braun.
4. Mehl, Backpulver und die Hälfte des Zuckers in einer Rührschüssel vermischen.
5. Öl, Pflanzendrink und Vanilleextrakt in einer Tasse verrühren, zu den trockenen Zutaten gießen und alles zu einem glatten Teig verrühren. Beiseitestellen.
6. Den restlichen Zucker in einem Topf mit ein paar EL Wasser auf geringer Stufe erhitzen, bis der Zucker schmilzt und zu hellbraunem Karamell wird.
7. Den Karamell auf den Boden der Backform gießen und durch Schwenken gleichmäßig verteilen.
8. Die Äpfel abtropfen lassen und mit einem sauberen Geschirrtuch trocken tupfen. Dekorativ in Spiralen auf dem Karamell auslegen.
9. Den Teig gleichmäßig auf den Äpfeln verteilen.
10. 30–35 Minuten backen, bis der Teig goldbraun ist und an einem mittig eingestochenen Holzstäbchen kein Teig mehr haftet. Die Form aus dem Ofen nehmen und etwas abkühlen lassen.
11. Einen Teller kopfüber auf die Form legen und den Kuchen stürzen, sodass die Äpfel oben liegen. Den Karamell in den Kuchen einsickern lassen. Lauwarm oder abgekühlt servieren. Nach Belieben Vanilleeis dazu reichen.

Das Beste am Kaiserschmarrn: Das nervenaufreibende Wenden des Pfannkuchens entfällt, weil der Teig ohnehin in Stücke gerissen wird. In der Erwachsenen-Version könnt ihr die Rosinen in Rum einweichen, aber auch mit Apfelsaft wird's superlecker und fruchtig-süß. Wir servieren ihn am liebsten warm mit Puderzucker, Apfelmus oder Vanilleeis.

KAISERSCHMARRN

FÜR 4 PERSONEN

100 g Rosinen
5 EL Apfelsaft
50 g vegane Butter
200 g Mehl
10 g Backpulver
50 g brauner Zucker
1 Prise Salz
350 ml Pflanzendrink
½ TL Vanilleextrakt
Pflanzenöl
Puderzucker

1. Die Rosinen in einer kleinen Schüssel mit dem Apfelsaft übergießen, abdecken und mindestens 30 Minuten quellen lassen.
2. Die vegane Butter in einem kleinen Topf oder in Intervallen in der Mikrowelle schmelzen.
3. Das Mehl in eine Rührschüssel sieben. Backpulver, Zucker und Salz untermischen.
4. Langsam den Pflanzendrink und den Vanilleextrakt zugießen und alles zu einem glatten Teig verquirlen. Die geschmolzene Butter unterrühren und zum Schluss die eingeweichten Rosinen unter den Teig heben.
5. Etwas Pflanzenöl in einer großen beschichteten Pfanne erhitzen. Den Teig hineingeben und bei mittlerer Hitze backen, bis die Unterseite leicht gebräunt ist. (Wer keine ausreichend große Pfanne hat, kann den Teig in zwei Portionen backen.)
6. Mit einem Spatel wenden und den Pfannkuchen mit zwei Gabeln in ungleichmäßige Stücke reißen. Diese weiter braten, bis sie auf beiden Seiten leicht gebräunt sind. Falls nötig, etwas mehr Öl in die Pfanne geben.
7. Mit Puderzucker bestäuben und warm servieren.

Dieser Mürbeteigkuchen mit einer Füllung aus Quitten ist ein traditionelles Dessert in Argentinien – und wir können sehr gut nachvollziehen, warum es so beliebt ist. Es lohnt sich wirklich, beim Einkauf nach Quittengelee Ausschau zu halten (oder vielleicht sogar selbst welches zu kochen), aber ihr könntet auch eine andere Konfitüre oder Marmelade verwenden.

PASTA FROLA

FÜR 8 PERSONEN

325 g Mehl, plus etwas mehr für die Arbeitsfläche
100 g vegane Butter
100 g Zucker
abgeriebene Schale von 1 Zitrone (bio)
1 Prise Salz
340 g Quittengelee
4 EL Orangensaft
75 g gemahlene Mandeln
2 EL Kokosraspel
vegane Sahne (Hafer Cuisine oder andere; nach Belieben)

1. Für den Teig Mehl und vegane Butter miteinander verreiben. Zucker, Zitronenschale und Salz hinzugeben und verkneten.
2. Gerade so viel Wasser hinzufügen, dass der Teig zusammenhält. In Folie oder ein wiederverwendbares Wachstuch einwickeln und 30 Minuten in den Kühlschrank stellen.
3. In der Zwischenzeit das Quittengelee in einer Schüssel mit etwas Orangensaft (oder heißem Wasser) glatt rühren. Die gemahlenen Mandeln unterheben.
4. Den Backofen auf 170 °C Umluft vorheizen.
5. Den Teig aus dem Kühlschrank nehmen und etwa ein Viertel davon abnehmen. Die Arbeitsfläche mit etwas Mehl bestäuben und die größere Teigportion darauf rund ausrollen. Eine Backform (20 cm Ø) sorgfältig mit dem Teig auslegen, überhängende Ränder abschneiden und zur kleineren Teigportion geben. Diese ausrollen und in 1 cm breite Streifen schneiden.
6. Die Quitten-Mandel-Masse gleichmäßig auf dem Teigboden verteilen.
7. Aus den Teigstreifen ein Gitter auf die Oberfläche legen. Am Rand fest an den Teigboden drücken,.
8. Den Kuchen 30–40 Minuten im Ofen backen.
9. Mit Kokosraspeln bestreuen und abkühlen lassen. Zum Servieren nach Belieben mit flüssiger Sahne übergießen.

Diese leichten, dünnen, weichen Crêpes schmecken mit Zucker und Zitrone traumhaft, aber ihr könnt sie auch mit Sirup beträufeln oder mit veganer Schlagcreme und frischem Obst servieren. Das Geheimnis sind gemahlene Leinsamen, die in Kombination mit Wasser für die Bindung in diesem und vielen anderen Rezepten sorgen. Probiert's mal aus!

ZITRONENCRÊPES

FÜR 4–6 STÜCK

1 EL gemahlene Leinsamen
125 g Mehl
300 ml Pflanzendrink
2 EL Zucker, plus etwas mehr zum Bestreuen
¼ TL Salz
Sonnenblumenöl
Saft von 2 Zitronen

1. Die Leinsamen mit 3 EL warmem Wasser verrühren und 1–2 Minuten quellen lassen, bis die Mischung eine geleeartige Konsistenz hat.
2. Das Mehl sieben, dann Pflanzendrink, Leinsamen, Zucker und Salz einrühren. Alles in einen Mixer geben und 10–15 Sekunden pürieren.
3. Etwas Öl in einer beschichteten Pfanne relativ stark erhitzen. Sobald das Öl heiß ist, eine halbe Kelle Teig hineingeben. Die Pfanne schwenken, um den Teig gleichmäßig zu verteilen. Die Crêpe sollte so dünn wie möglich sein.
4. 2 Minuten backen, dann wenden und die andere Seite noch 1 Minute backen. Aus dem restlichen Teig weitere Crêpes backen.
5. Mit Zitronensaft beträufeln und mit etwas Zucker bestreut servieren.

Diese Leckerei ist in Australien, Großbritannien und den USA ein absoluter Klassiker. Das Rezept ist so einfach, dass Kinder bei der Zubereitung mithelfen können. Das Schwierigste ist wahrscheinlich, zwei Stunden ohne Naschen abzuwarten, bis alles fest geworden ist.

ROCKY ROAD OHNE BACKEN

FÜR 12 STÜCKE

150 g vegane Zartbitter- oder Vollmilchschokolade
35 g vegane Butter
2 EL Karamellsirup
150 g vegane trockene Vollkornkekse, in kleine Stücke gebrochen
50 g vegane Mini-Marshmallows (größere mit der Schere klein schneiden)
75 g kandierte Kirschen, halbiert
15 g Kokosraspel, plus etwas mehr zum Bestreuen

1. Eine eckige Backform (20 × 20 cm) mit Backpapier auslegen und beiseitestellen.
2. Die Schokolade in Stücke brechen und in einer hitzebeständigen Schüssel im Wasserbad oder in Intervallen in der Mikrowelle (niedrige Wattzahl) schmelzen.
3. Butter und Sirup hinzugeben und umrühren, bis die Butter geschmolzen ist und die Zutaten sich gut vermischt haben.
4. Vom Herd nehmen. Kekssplitter, Marshmallows, Kirschen und Kokosraspel unterrühren.
5. Die Mischung in die Kuchenform geben, gleichmäßig verteilen und bis in die Ecken drücken, aber nicht glatt streichen.
6. 2 Stunden im Kühlschrank fest werden lassen, dann in 12 Stücke schneiden, mit Kokosraspeln bestreuen und servieren.

8.

SÜSSES GEBÄCK

Was könnte heimeliger sein als Keksebacken? Dieses Rezept ist super easy: Einfach alle Zutaten zusammenrühren, aufs Blech klecksen und in den Ofen schieben. Und damit wären diese Cookies dann auch schneller selbst gebacken, als im Supermarkt gekauft.

NUSSIGE CHOCOLATE-CHIP-COOKIES

FÜR 8 STÜCK

75 g vegane Butter
40 g Zucker
1 EL Karamellsirup
1 EL Erdnussmus
3 EL Aquafaba (siehe Seite 21)
1 TL Vanilleextrakt
100 g Mehl
½ TL Backpulver
1 Prise Salz
70 g vegane Schokoladentropfen
15 g gehackte Haselnusskerne

1. Den Backofen auf 190 °C Umluft vorheizen.
2. Butter und Zucker mit dem Handmixer hell aufschlagen, dann Sirup, Erdnussmus, Aquafaba und Vanilleextrakt unterrühren.
3. In einer separaten Schüssel Mehl, Backpulver und Salz vermischen. Die trockenen Zutaten zu den feuchten geben und alles zu einem glatten Teig verarbeiten.
4. Zum Schluss die Schokotropfen und Haselnüsse unterheben.
5. Ein Backblech mit Backpapier auslegen.
6. 8 Teighäufchen auf das Blech setzen und mit der Rückseite eines Löffels oder den Fingern etwas flacher drücken. Genug Platz dazwischen lassen, weil der Teig beim Backen zerläuft.
7. Die Cookies 15 Minuten backen, bis sie goldbraun sind. Die Cookies sind jetzt noch sehr weich. Vorsichtig mit einem Spatel auf ein Kuchengitter heben und ganz abkühlen lassen.

Dieser erfrischend zitronige Kuchen ist zart und leicht – eben wie ein Zitronenkuchen sein sollte. Und er beweist einmal mehr, dass sich altehrwürdige Lieblingsrezepte ganz einfach veganisieren lassen. Dieser Kuchen ist sogar so gut, dass wir überlegt haben, ihn zum Veganuary-Botschafter zu machen.

SAFTIGER ZITRONENKUCHEN

FÜR 8–10 PERSONEN

200 g Zucker, plus 2 EL für den Sirup
200 g vegane Butter, plus etwas mehr für die Form
225 g Mehl
2 TL Backpulver
200 ml Pflanzendrink
abgeriebene Schale von 2 Zitronen (bio)
Saft von 3 Zitronen
Puderzucker

1. Den Backofen auf 180 °C Umluft vorheizen.
2. In einer Rührschüssel 200 g Zucker und die vegane Butter mit dem Handmixer hell und cremig aufschlagen.
3. Mehl und Backpulver in eine separate Schüssel sieben. Nun etwas Mehl und einen Schuss Pflanzendrink zu der Zucker-Butter-Mischung geben und einrühren. Wiederholen, bis Mehl und Pflanzendrink verbraucht sind und ein glatter Kuchenteig entstanden ist.
4. Die komplette abgeriebene Schale sowie den Saft von 1 Zitrone unterrühren.
5. Den Teig in einer gefetteten Kuchenform (24 cm Ø) verteilen und 35–40 Minuten backen, bis an einem mittig eingestochenen Holzstäbchen kein Teig mehr haftet und die Ränder des Kuchens gerade anfangen, goldbraun zu werden.
6. In der Zwischenzeit für den Sirup 2 EL Zucker und den Saft der beiden restlichen Zitronen verrühren.
7. Sobald der Kuchen aus dem Ofen kommt, die Oberfläche mehrfach mit einem Stäbchen einstechen und den Zitronensirup darübergießen – der Kuchen sollte ihn komplett aufsaugen. Den Kuchen in der Form abkühlen lassen.
8. Auf einen Kuchenteller heben und erst kurz vor dem Servieren mit Puderzucker bestäuben.

Diese leichten, süßen und fruchtigen Muffins sind ein wahrer Genuss – und ihre Zubereitung könnte kaum einfacher sein. Am besten backt ihr jetzt sofort welche, dann ist der Tag perfekt.

HEIDELBEERMUFFINS

FÜR 8 STÜCK

250 g Mehl
2½ TL Backpulver
1 Prise Salz
150 g Rohrohrzucker
175 ml Pflanzendrink
100 ml Sonnenblumenöl
1 TL Vanilleextrakt
125 g Heidelbeeren (frisch oder TK)

1. Den Backofen auf 170 °C Umluft vorheizen und 8 Papierförmchen in ein Muffinblech setzen.
2. Mehl, Backpulver, Salz und Zucker in einer Schüssel vermischen.
3. In einer separaten Schüssel Pflanzendrink, Öl und Vanilleextrakt verquirlen.
4. Die flüssigen Zutaten unter die Mehlmischung rühren, dann die Heidelbeeren behutsam unterheben.
5. Den Teig in die Papierförmchen füllen.
6. 25–30 Minuten backen, oder bis die Oberseiten goldbraun sind und an einem mittig eingestochenen Holzstäbchen kein Teig mehr haftet.
7. Vor dem Servieren ganz abkühlen lassen.

Dieser relativ feste Teekuchen ähnelt einem Bananenbrot, wird aber mit Erdbeerkonfitüre zubereitet. Er sieht hübsch aus, schmeckt grandios und ist sehr einfach zu backen. Ihr könnt die Scheiben pur essen oder mit veganer Butter bestreichen.

ERDBEER-TEEKUCHEN

FÜR 8 PERSONEN

200 g Mehl
½ TL Backpulver
1 TL gemahlener Ingwer
¼ TL gemahlene Muskatnuss
60 g vegane Butter
75 g Rohrohrzucker
25 g gehackte Walnusskerne
25 g Sultaninen
4 EL Erdbeerkonfitüre
100 ml Pflanzendrink
2 frische Erdbeeren, entstielt und halbiert

1. Den Backofen auf 180 °C Umluft vorheizen.
2. Eine kleine Kastenform (ca. 20 × 10 cm) mit Backpapier auslegen.
3. Mehl, Backpulver, Ingwer und Muskatnuss in eine große Schüssel sieben. Die vegane Butter zugeben und alles mit den Fingerspitzen fein-krümelig verreiben.
4. Zucker, Walnüsse und Sultaninen sowie die Erdbeerkonfitüre hinzufügen und gut verrühren.
5. Nach und nach den Pflanzendrink zugießen und unterrühren. Je nach Konsistenz der Konfitüre wird nicht die ganze Menge Pflanzendrink benötigt – oder vielleicht auch ein bisschen mehr. Der Teig soll zähflüssig sein und schwer vom Löffel tropfen.
6. Die Mischung in die Form füllen und die Oberfläche glätten. Mit den halbierten Erdbeeren belegen und 50–60 Minuten backen, bis die Oberseite goldbraun ist und sich fest anfühlt. An einem mittig eingestochenen Holzstäbchen darf kein Teig mehr haften, andernfalls noch ein paar Minuten weiterbacken.
7. Zum Abkühlen auf ein Kuchengitter stürzen.

Dieser britische Klassiker ist in seiner veganen Version mindestens so gut wie das Original. Er hat einfach alles, was man sich von einem Kuchen wünscht: knusprige Mandelblättchen, saftige Mandelcreme, süße Konfitüre, frisches Obst und einen knusprigen Boden. Unserer Meinung nach braucht es keine Beilage – aber wenn ihr mögt, könnt ihr dazu vegane Schlagcreme, Vanillesauce oder Eis servieren.

BAKEWELL TARTE

FÜR 8 PERSONEN

1 Packung frischer veganer Mürbeteig (Kühlregal)
75 ml Kokosöl, geschmolzen, plus etwas mehr für die Form
120 g Kokosblütenzucker
40 g Mehl
75 ml Aquafaba (siehe Seite 21)
200 g gemahlene Mandeln
½ TL Mandelextrakt
4 EL Himbeerkonfitüre
100 g frische Himbeeren
15 g Mandelblättchen

1. Eine Tarteform (24 cm Ø) einfetten und den Teig hineinlegen. Vorsichtig in die Form drücken und überstehende Ränder abschneiden. Den Boden mehrmals mit einer Gabel einstechen, dann 1 Stunde in den Kühlschrank stellen.
2. Den Backofen auf 190 °C Umluft vorheizen.
3. Den Teig mit Backpapier abdecken und mit Backbohnen oder ungekochtem Reis bedecken (so bleibt der Teig in Form). 15 Minuten blindbacken, dann aus dem Ofen nehmen. Papier und Backbohnen vorsichtig entfernen und den Boden noch 2–3 Minuten backen, damit er schön knusprig wird.
4. In der Zwischenzeit für die Mandelfüllung Öl und Zucker verquirlen. Nacheinander Mehl, Aquafaba und zum Schluss die gemahlenen Mandeln und den Mandelextrakt unterrühren.
5. Den gebackenen Boden mit der Himbeerkonfitüre bestreichen. Darauf die Mandelmasse verteilen und mit einem Löffelrücken glatt streichen.
6. Die frischen Himbeeren gleichmäßig verteilt in die Mandelmasse drücken, mit den Mandelblättchen bestreuen und 35–40 Minuten backen, bis die Mandelblättchen goldbraun sind. Vor dem Anschneiden abkühlen lassen, damit die Mandelmasse richtig fest werden kann.

Manche Torten sind ganz schöne Divas: Entweder der Teig geht nicht auf und wird zum Ziegelstein, oder der Kuchen wird zu weich und fällt auseinander, und man fragt sich, was man jetzt mit den vielen Kuchenkrümeln anfangen soll. Dies hier ist hingegen ein simples Rezept mit Gelinggarantie: Die trockenen Zutaten mischen – die flüssigen Zutaten mischen – verrühren! Jedes Mal perfekt.

SCHOKOLADENTORTE

FÜR 8–10 PERSONEN

FÜR DEN TEIG
200 g Mehl
2 EL Backpulver
175 g Rohrohrzucker
65 g Kakaopulver
½ TL Salz
125 ml Öl, plus etwas mehr für die Form
275 ml Pflanzendrink
2 TL Vanilleextrakt
2 TL Apfelessig

FÜR DIE GANACHE
150 g vegane Butter
200 g Puderzucker, gesiebt
3 EL Kakaopulver
150 g vegane Zartbitterschokolade
etwas Pflanzendrink (bei Bedarf)

ZUM SERVIEREN
frische Kirschen oder rote Beeren

1. Den Backofen auf 190 °C Umluft vorheizen.
2. Mehl, Backpulver, Zucker, Kakaopulver und Salz in einer großen Schüssel vermischen.
3. Öl, Pflanzendrink, Vanilleextrakt und Essig in einem Rühr- oder Messbecher verquirlen.
4. Die Ölmischung zum Mehl gießen und alles zu einem glatten Teig verrühren.
5. Eine Backform (20 cm Ø) einfetten und den Teig hineinfüllen.
6. 25–30 Minuten backen, oder bis an einem mittig eingestochenen Holzstäbchen kein Teig mehr haftet.
7. Den Kuchen aus dem Ofen nehmen und in der Form abkühlen lassen. Inzwischen die Ganache zubereiten.
8. Die vegane Butter und den gesiebten Puderzucker mit dem Handmixer cremig rühren, dann das Kakaopulver hineinsieben und einarbeiten.
9. Die Schokolade schmelzen (entweder in einer hitzebeständigen Schüssel im Wasserbad oder in Intervallen in der Mikrowelle), dabei regelmäßig umrühren. Die flüssige Schokolade unter die Ganache heben. Falls die Mischung zu fest ist, 1 EL Pflanzendrink unterrühren.
10. Den ganz abgekühlten Kuchen mit der Ganache überziehen und erst kurz vor dem Servieren mit Kirschen oder Beeren garnieren.

Wir lieben die Kuchenpause am Nachmittag, und unser Bananenbrot ist immer ein Volltreffer. Es schmeckt solo, aber ihr könnt es auch mit veganer Butter oder Konfitüre bestreichen. Außerdem könnt ihr das Rezept ganz einfach abwandeln und zum Beispiel gehackte Nüsse oder Trockenfrüchte statt Schokolade unterrühren. Uns schmeckt es schokoladig am besten.

BANANENBROT MIT CHOCOLATE CHIPS

FÜR 8–12 STÜCKE

2 reife Bananen
250 g Mehl
3 TL Backpulver
75 g Rohrohrzucker
½ TL gemahlener Zimt
50 ml Pflanzenöl, plus etwas mehr für die Form
60 ml Pflanzendrink
75 g vegane Schokoladentropfen oder gehackte Schokolade

1. Den Backofen auf 170 °C Umluft vorheizen.
2. Eine Kastenform (ca. 22 × 12 cm) einfetten.
3. Die Bananen in einem tiefen Teller mit einer Gabel zerdrücken.
4. In einer Schüssel Mehl, Backpulver, Zucker und Zimt vermischen.
5. Öl, zerdrückte Bananen und Pflanzendrink einrühren. Zum Schluss die Schokoladentropfen unterheben.
6. Den Teig in die Kastenform geben und 35–40 Minuten backen, bis die Oberfläche goldbraun ist.
7. Aus dem Ofen nehmen und etwa 10 Minuten in der Form abkühlen lassen, dann auf ein Kuchengitter stürzen und vollständig abkühlen lassen.

Flapjacks sind süße und sättigende Müsliriegel. Und obwohl es sich hier strenggenommen immer noch um eine Süßigkeit und kein rundum gesundes Rezept handelt, sind doch viele nahrhafte Zutaten enthalten. Erdnussmus, Haferflocken und Sultaninen dürfen schließlich bei keinem Frühstück fehlen.

FLAPJACKS

FÜR 9 STÜCK

100 g vegane Butter, plus etwas mehr für die Form
100 ml Karamellsirup oder Agavendicksaft
1 EL Melasse oder Zuckerrübensirup
75 g Rohrohrzucker
125 g Erdnussmus
200 g Haferflocken
100 g Sultaninen
½ TL Salz
25 g dunkle vegane Schokolade (nach Belieben)

1. Den Backofen auf 150 °C Umluft vorheizen und eine rechteckige Backform (25 × 15 cm) leicht einfetten.
2. Vegane Butter, hellen und dunklen Sirup, Zucker und Erdnussmus in einen Topf geben und unter Rühren leicht erwärmen, bis die Butter geschmolzen ist.
3. Haferflocken, Sultaninen und Salz in eine Schüssel geben und mit der Sirupmischung übergießen. Umrühren, bis die Haferflocken gut getränkt sind.
4. Die Masse in der Backform verteilen, glätten und andrücken, anschließend 30 Minuten backen.
5. Aus dem Ofen nehmen und ein paar Minuten in der Form abkühlen lassen, dann in 9 Riegel schneiden.
6. Die Schokolade, falls verwendet, im Wasserbad oder in Intervallen in der Mikrowelle schmelzen und über die Riegel träufeln.

Dieses Rezept hat alles, was ein klassisches Bananenbrot so beliebt macht – aber in praktischen Einzelportionen. Fingerfood quasi. Die Muffins könnt ihr super zu Ausflügen, zur Arbeit oder zur Schule mitnehmen oder ganz entspannt zu einer Tasse Tee oder Kaffee essen.

BANANENMUFFINS

FÜR 12 STÜCK

2 reife Bananen
200 ml Pflanzendrink
200 g Zucker
75 ml Sonnenblumenöl
2 TL Apfelessig
2 TL Vanilleextrakt
300 g Mehl
3 TL Backpulver
2 TL Lebkuchengewürz
1 TL gemahlener Zimt
1 TL gemahlener Ingwer
½ TL Salz
65 g Walnusskerne, gehackt

1. Den Backofen auf 200 °C Umluft vorheizen und 12 Papierförmchen in ein Muffinblech setzen.
2. Die Bananen in einem Suppenteller mit einer Gabel zerdrücken. In einer Schüssel mit Pflanzendrink, Zucker, Öl, Essig und Vanilleextrakt gründlich verrühren.
3. Mehl, Backpulver, Lebkuchengewürz, Zimt, Ingwer und Salz in eine separate Schüssel sieben.
4. Die Bananenmischung zum Mehl geben und verrühren.
5. Die Walnussstücke unterheben und den Teig in die Papierförmchen füllen. 20–25 Minuten backen, bis die Oberfläche goldbraun ist und an einem mittig eingestochenen Holzstäbchen kein Teig mehr haftet.
6. 5 Minuten im Muffinblech stehen lassen, dann die Muffins herausnehmen und auf einem Kuchengitter abkühlen lassen.

Karottenkuchen ist allgemein beliebt, weil er so schön saftig ist. Das gilt natürlich auch für unsere Version, die mit einer spritzigen Orangencreme überzogen wird. Die alles entscheidende Geheimzutat ist jedoch Tahin, das dem Kuchen einen unerwarteten, nussigen Geschmack verleiht.

KAROTTENKUCHEN MIT ORANGENTOPPING

FÜR 8 PERSONEN

FÜR DEN KUCHEN

300 g Mehl
5 TL Backpulver
1 TL Natron
1 TL gemahlener Zimt
200 g Karotten, geschält und gerieben
175 g Rohrohrzucker
50 g Sultaninen
75 g Walnusskerne, gehackt
125 ml Sonnenblumenöl, plus etwas mehr für die Form
70 g Tahin
1 TL Apfelessig
100 ml Pflanzendrink
8 schöne Walnusshälften

FÜR DAS TOPPING

125 g vegane Butter
300 g Puderzucker
1 TL Orangenextrakt in Öl oder fein abgeriebene Orangenschale (bio)

1. Den Backofen auf 170 °C Umluft vorheizen.
2. Mehl, Backpulver, Natron und Zimt in eine große Schüssel sieben. Karotten, Zucker, Sultaninen und Walnüsse hinzufügen und alles gut vermischen.
3. In einer separaten Schüssel Öl, Tahin, Essig und Pflanzendrink verquirlen.
4. Die Ölmischung zu den trockenen Zutaten geben und alles zu einem glatten Teig verrühren.
5. Eine runde Kuchenform (22 cm Ø) einfetten und den Teig hineinfüllen.
6. 45–50 Minuten backen, oder bis an einem mittig eingestochenen Holzstäbchen kein Teig mehr haftet.
7. Inzwischen für die Creme die vegane Butter mit dem Handmixer cremig rühren.
8. Den Puderzucker portionsweise auf die Butter sieben und unterrühren. Zum Schluss den Orangenextrakt einarbeiten.
9. Den Kuchen vollständig abkühlen lassen, auf eine Servierplatte heben, mit der Creme überziehen und mit den Walnusshälften so dekorieren, dass sie die 8 Stücke markieren.

Schluss mit zähem Früchtebrot, das die Kaumuskeln strapaziert: Dieser süße, gehaltvolle Kuchen wird mit dunklem Bier gebacken, was ihn herb-aromatisch macht, und ist im Inneren erstaunlich weich und locker. Das Rezept ist ganz einfach, und der Kuchen passt perfekt zum Nachmittagstee in der kalten Jahreszeit.

FRÜCHTEBROT MIT BIER

FÜR 8–10 PERSONEN

3 EL gemahlene Leinsamen
175 g vegane Butter, plus etwas mehr für die Form
450 g gemischte Trockenfrüchte, nach Belieben im Ganzen oder grob gehackt
Saft und abgeriebene Schale von 1 Orange (bio)
Saft und abgeriebene Schale von 1 Zitrone (bio)
175 g Rohrohrzucker, plus 2 EL zum Bestreuen
200 ml dunkles Bier
1 TL Natron
300 g Mehl
1 TL gemahlener Zimt
1 TL gemahlener Piment
½ TL gemahlener Ingwer
¼ TL gemahlene Muskatnuss
10 g Mandelblättchen

1. Die gemahlenen Leinsamen in einer Schüssel mit 9 EL warmem Wasser verrühren und einige Minuten quellen lassen, bis die Mischung eine geleeartige Konsistenz hat.
2. Den Boden einer runden Backform (20 cm Ø) einfetten und mit Backpapier auslegen.
3. Vegane Butter, Trockenfrüchte, Orangen- und Zitronenschale und -saft, Zucker und Bier in einen großen Topf geben. Unter Rühren langsam zum Kochen bringen, bis die Butter geschmolzen ist, und dann 15 Minuten zugedeckt köcheln lassen.
4. Den Backofen auf 150 °C Umluft vorheizen.
5. Die Trockenfrucht-Bier-Mischung vom Herd nehmen und 10 Minuten abkühlen lassen, dann das Natron einrühren. Vorsicht, es schäumt auf!
6. Die Leinsamenmischung einrühren, dann das Mehl und die Gewürze darübersieben. Alles zu einem Teig verrühren.
7. Den Teig in die Kuchenform füllen und mit einem Löffelrücken glatt streichen.
8. 2 EL Zucker und die Mandelblättchen darüberstreuen und den Kuchen 75–90 Minuten backen. Nach 75 Minuten die Stäbchenprobe machen: Wenn an einem mittig eingestochenen Holzstäbchen kein Teig mehr haftet, ist der Kuchen fertig, andernfalls noch ein paar Minuten länger backen. Den Kuchen 15 Minuten in der Form stehen lassen, dann auf ein Gitter stürzen und vollständig abkühlen lassen.

Rock Cakes heißt diese Mischung aus Keks und Kuchen in England. Keine Angst, die sind nicht hart wie Stein, sondern sehen nur ein bisschen so aus – mit viel Fantasie. Schönheitswettbewerbe gewinnt der Rock Cake vielleicht nicht, aber die inneren Werte zählen. Statt der üblichen Rosinen haben wir auf Kirschen gesetzt.

ROCK CAKES MIT KIRSCHEN

FÜR 10 STÜCK

1 EL gemahlene Leinsamen
250 g Mehl
3–4 TL Backpulver
125 g vegane Butter
85 g Rohrohrzucker, plus 1 EL zum Bestreuen
50 g Kirschen (nach Geschmack kandiert oder getrocknet, Cocktailkirschen oder frische entsteinte Früchte), gehackt
50 g vegane Schokoladentropfen
3–4 EL Pflanzendrink

1. Den Backofen auf 180 °C Umluft vorheizen und ein Backblech mit Backpapier auslegen.
2. Die Leinsamen in einer kleinen Schüssel mit 3 EL Wasser verrühren und beiseitestellen, bis die Mischung eine geleeartige Konsistenz hat.
3. Mehl und Backpulver in eine große Schüssel sieben.
4. Die vegane Butter zugeben und alles mit den Fingerspitzen fein bröselig verreiben.
5. Zucker, gehackte Kirschen und Schokoladentropfen unterrühren.
6. Den Pflanzendrink unter die gequollenen Leinsamen rühren, dann zum Teig geben.
7. Alles mit den Händen zu einer leicht klebrigen Masse verarbeiten.
8. Mithilfe von zwei Esslöffeln 10 Portionen abstechen und auf dem Backblech verteilen. 20–22 Minuten backen, bis die Oberseiten goldbraun sind.
9. Auf einem Kuchengitter abkühlen lassen.

Tipp: Beim Testen unserer Rock Cakes haben wir mit verschiedenen Varianten geliebäugelt und konnten uns am Ende nur schwer zwischen unseren beiden Lieblingskombinationen entscheiden. Probiert statt Schoko-Kirsch doch auch mal Aprikose-Ingwer: Dafür müsst ihr die Kirschen nur durch dieselbe Menge gehackte Trockenaprikosen und die Schokotropfen durch kandierte Ingwerwürfel austauschen – und ansonsten dem Rezept folgen.

Wir lieben natürlich alle Kuchen und Torten, aber vegane Donauwelle hat einen ganz besonderen Platz in unserem Herzen. Heller und dunkler Teig, eingesunkene Kirschen, Puddingcreme und eine Decke aus Schokolade – müssen wir noch mehr sagen? Klar, die Zubereitung kostet ein bisschen Zeit, aber es lohnt sich. Wirklich jedes Mal.

DONAUWELLE

FÜR 10 PERSONEN

FÜR DEN RÜHRTEIG
400 g Mehl
200 g brauner Zucker
1 Prise Salz
2 gehäufte TL Backpulver
1 TL Natron
300 ml Pflanzendrink
120 ml Pflanzenöl, plus etwas mehr für die Form
2 EL Apfelessig
1 TL Vanilleextrakt
3 EL Kakaopulver
200 g Sauerkirschen (aus dem Glas), abgetropft

FÜR DEN PUDDING
40 g Speisestärke
50 g brauner Zucker
400 ml Pflanzendrink
1 TL Vanilleextrakt
150 g vegane Butter, zimmerwarm

FÜR DIE SCHOKOLADENDECKE
175 g vegane Zartbitterschokolade
30 g Kokosöl

1. Den Backofen auf 180 °C Umluft vorheizen.
2. Mehl, Zucker, Salz, Backpulver und Natron in einer Rührschüssel vermischen.
3. Pflanzendrink, Pflanzenöl, Apfelessig und Vanilleextrakt in einem Messbecher verquirlen, dann zum Mehl gießen und zu einem glatten Teig verarbeiten.
4. Etwa die Hälfte des Teigs in eine zweite Schüssel füllen. In eine Teigportion das Kakaopulver einrühren.
5. Eine runde Backform (20 cm Ø) leicht einfetten, dann den hellen Kuchenteig hineingeben und gleichmäßig verstreichen.
6. Den dunklen Teig auf den hellen Teig löffeln. Es muss nicht perfekt sein: Die Schichten werden sich beim Backen etwas vermischen und marmorieren.
7. Die Kirschen auf dem Teig verteilen. Den Kuchen 30–35 Minuten backen, bis an einem mittig eingestochenen Holzstäbchen kein Teig mehr haftet. In der Form abkühlen lassen.
8. Für den Pudding Speisestärke und Zucker in einer Schüssel mischen. Mit 5 EL kalten Pflanzendrink und dem Vanilleextrakt glatt rühren.
9. Den restlichen Pflanzendrink in einem Topf aufkochen. Die angerührte Stärke einrühren und die Mischung bei schwacher Hitze unter ständigem Rühren 2 Minuten köcheln lassen, bis sie eindickt. Abkühlen lassen, dabei ab und zu umrühren, damit sich keine Haut bildet.
10. Die vegane Butter in einer Schüssel schaumig rühren. Den zimmerwarmen Pudding unterrühren. Auf dem abgekühlten Kuchen verteilen und mindestens 1 Stunde in den Kühlschrank stellen.
11. Die Schokolade zerkleinern und mit dem Kokosöl in einer hitzebeständigen Schüssel im Wasserbad schmelzen. Umrühren, dann die Schokoladenglasur vorsichtig auf der Puddingschicht verteilen. Den Kuchen weitere 30 Minuten in den Kühlschrank stellen, bis die Schokolade fest ist.

QUELLEN

1. Health and Nutrition News (8. April 2019): Vegan diets reduce the risk for chronic disease. Verfügbar unter *https://www.pcrm.org/news/health-nutrition/vegan-diets-reduce-risk-chronic-disease*
2. Martin, M. J., Thottathil, S. E. und Newman, T. B. (Dezember 2015): Antibiotics overuse in animal agriculture: a call to action for health-care providers. American Journal of Public Health 105(12): S. 2409–2410. Verfügbar unter *https://www.ncbi.nlm.nih.gov/pmc/articles/PMC4638249/*
3. Greger, M. (September–Oktober 2021): Primary pandemic prevention. American Journal of Lifestyle Medicine 15(5): S. 498–505. Verfügbar unter *https://www.ncbi.nlm.nih.gov/pmc/articles/PMC8504329/*
4. Ernährungs- und Landwirtschaftsorganisation der Vereinten Nationen: GHG emissions by livestock. Verfügbar unter *https://www.fao.org/news/story/en/item/197623/icode/*
5. Robert Goodland (2013): Lifting livestock's long shadow. Nature Climate Change 3, 2 (2013). Verfügbar unter *https://www.nature.com/articles/nclimate1755*
6. Harvard School of Public Health (10. November 2022): Healthy plant-based diets better for the environment than less healthy plant-based diets. Verfügbar unter *https://www.hsph.harvard.edu/news/press-releases/healthyplant-based-diets-better-for-the-environment-than-less-healthy-plant-based-diets/;*
   University of Oxford (1. Juni 2018):New estimates of the environmental cost of food. Verfügbar unter *https://www.ox.ac.uk/news/2018-06-01-newestimates-environmental-cost-food*
   Chatham House (3. Februar 2021): Food system impacts on biodiversity loss. Verfügbar unter *https://www.chathamhouse.org/2021/02/food-systemimpacts-biodiversity-loss;*
   BBC News (8. August 2019): Plant-based diet can fight climate change – UN. Verfügbar unter *https://www.bbc.co.uk/news/science-environment-49238749*
7. Rao, S. (1. April 2021): Animal agriculture is the leading cause of climate change. A position paper. Journal of the Ecological Society: S. 32–33. Verfügbar unter *https://www.scienceopen.com/hosted-document?doi=10.54081/JES.027/13*
8. WWF: Living planet report 2022. Verfügbar unter *https://www.wwf.org.uk/our-reports/living-planet-report-2022*
9. McMacken, M. und Shah, S. (Mai 2017): A plant-based diet for the prevention and treatment of type 2 diabetes. Journal of Geriatric Cardiology 14(5): S. 342–354. Verfügbar unter *https://www.ncbi.nlm.nih.gov/pmc/articles/PMC5466941/*
10. Poovorawan, Y., Pyungporn, S., Prachayangprecha, S. und Makkoch, J. (Juli 2013): Global alert to avian influenza virus infection: from H5N1 to H7N9'. Pathogens and Global Health 107(5): S. 217–223. Verfügbar unter *https://www.ncbi.nlm.nih.gov/pmc/articles/PMC4001451/;*
    WHO (1. April 2022):, Avian Influenza Weekly Update Number 838. Verfügbar unter *https://www.who.int/docs/default-source/wpro---documents/emergency/surveillance/avian-influenza/ai-20220401.pdf;*
    UK Health Security Agency: Risk assessment of avian flu. Verfügbar unter *https://www.gov.uk/government/publications/avian-influenza-a-h7n9-public-health-englandrisk-assessment/risk-assessment-of-avianinfluenza-ah7n9-sixth-update*

REGISTER

A

B

C

F

G

L

M

N

P

S

T

ÜBER VEGANUARY

Veganuary ist eine gemeinnützige Organisation und Kampagne, die Menschen weltweit dazu ermutigt, sich im Januar – und darüber hinaus – vegan zu ernähren. So motivieren und unterstützen wir unsere Teilnehmenden dabei, ihre Ernährung umzustellen – und damit Tiere, Klima, ihre eigene und die globale Gesundheit zu schützen. Jedes Jahr nehmen Millionen von Menschen aus der ganzen Welt den Veganuary zum Anlass, eine pflanzliche Ernährung auszuprobieren.

Unsere große Kampagne im Januar ist vielleicht der öffentlichkeitswirksamste Teil unserer Arbeit – doch wir sind das ganze Jahr über aktiv. Wir schärfen das Bewusstsein für eine pflanzliche Ernährung über unsere Pressearbeit und die sozialen Medien. Und wir unterstützen Unternehmen und Marken dabei, auf vegane Produkte zu setzen – so werden Alternativprodukte noch besser verfügbar und die pflanzliche Ernährung zugänglicher. Dabei haben wir das große Glück, auf prominenten Support zählen zu können, und danken all unseren bekannten Veganuary-Botschafter*innen für ihre großartige Unterstützung. Ihnen und all unseren wundervollen Teilnehmenden, die gemeinsam mit uns etwas Neues gewagt haben, widmen wir dieses Buch. Immer wieder erzählen sie uns, dass sich ihre Ernährungsweise dank Veganuary nachhaltig verändert hat – und das macht uns unheimlich glücklich.

In diesem Kochbuch dreht sich alles darum, wie lecker und leicht die pflanzliche Küche ist. Wenn ihr mehr über die Auswirkungen unserer Ernährung und all die Vorteile von Veganismus erfahren wollt, besucht uns auf *veganuary.de*. Oder schaut auf unseren Social-Media-Kanälen vorbei:
Instagram: @veganuarydeutschland
Facebook: @veganuarydeutschland

Mitmachen

Die Teilnahme an unserer veganen Challenge ist komplett kostenlos. Die meisten Menschen starten am 1. Januar, aber ihr könnt das ganze Jahr über mitmachen – wann immer und so oft ihr wollt. 31 Tage lang unterstützen wir euch mit täglichen E-Mails, die viele nützliche Tipps, Rezepte, Produktvorschläge und Infos rund um die pflanzliche Ernährung enthalten.

Bereit? Dann meldet euch einfach an über:
veganuary.de/mitmachen

Für die deutsche Ausgabe:
Verlagsleitung Monika Schlitzer
Programmleitung Heike Faßbender
Projektbetreuung Carmen Brand
Herstellungsleitung Dorothee Whittaker
Herstellungskoordination Claudia Rode
Herstellung Stefanie Staat

Übersetzung Wiebke Krabbe
Lektorat Anna Gülicher-Loll, Lesezeichen Verlagsdienste, Köln

Titel der englischen Originalausgabe:
The Official Veganuary Cookbook.
100 amazing vegan recipes for everyone

Der Originaltitel erschien 2023 in Großbritannien bei Thorsons, ein Imprint von HarperCollins*Publishers*

Texte Veganuary Trading Limited
Fotografie Lizzie Mayson
Requisite und Foodstyling Louie Waller, Flossy McAslan
Covergestaltung Veganuary Trading Limited

ISBN 978-3-8310-4889-2

Druck und Bindung TBB, a.s., Slowakei

www.dk-verlag.de

Hinweis
Die Informationen und Ratschläge in diesem Buch sind von den Autor*innen und vom Verlag sorgfältig erwogen und geprüft, dennoch kann eine Garantie nicht übernommen werden.
Eine Haftung der Autor*innen bzw. des Verlags und seiner Beauftragten für Personen-, Sach- und Vermögensschäden ist ausgeschlossen.

DANK

Dieses Buch konnte nur mit der Unterstützung unserer großartigen Rezeptentwickler*innen, Spender*innen, Verkoster*innen und Tester*innen entstehen. Ein großer Dank geht an Abigail Geer, Adam Paterson, Anastasia Sargent, Andrew Jolly, Angela Tarry, Ben Fearnside, Bree Cannon, Carole Backler, Candice Haridimou, Chelsea Harrop, Christopher Hollmann, Christopher Shoebridge, Claudia Tarry, Dan Foster, Dav Yendle, Emilie Soffe, Emma Yoxall, Felicity Crump, Graeme Wotherspoon, Jane Land, Jeff Doyle, Karen Waldron, Karimah Stroud, Katharina Weiss-Tuider, Kate Fowler, Kate Sims, Kim Waldron, Lisa Paterson, Matthew Glover, Matthew Harris, Mauricio Serrano, Nadja Lindacher, Prashanth Vishwanath, Paul Sims, Phoebe Hobbs, Robert Adams, Roy Thompson, Sofia Balderson, Soundarya Sharma, Steven West, Stuart Giddens, Susan West, Toni Vernelli, Tony Waldron, Tracy Ellen, Wendy Matthews und Zoe West.
Ein herzlicher Dank auch an die wunderbare Jane Graham Maw und das gesamte Team der Graham Maw Christie Agency sowie an die superkompetente Lydia Good und das HarperCollins-Team.